Rudolf Steiner

Das Johannes-Evangelium

シュタイナー ヨハネ福音書講義

ルドルフ・シュタイナー
高橋 巖［訳］

春秋社

シュタイナー　ヨハネ福音書講義◎目次

シュタイナー　ヨハネ福音書講義

第一講

ロゴスの教え

（一九〇八年五月一八日）

本講義の目標

ヨハネ福音書に関するこの講義は、二つの目標を持っています。ひとつは神智学の概念を深化させ、それをいくつかの方向へ向けて発展させることですが、もうひとつは、その概念を通して、偉大な聖典であるヨハネ福音書そのものを身近なものにすることです。これからの話が、この二つの目標を目指していることを、どうぞ忘れないで下さい。

ヨハネ福音書をあれこれと解釈するだけでなく、この書を通して存在の深い秘密に参入したいのです。神智学が世界の諸宗教の伝えてきた偉大な聖典を取り上げるときには、それにふさわしい考察方法を用いなければなりません。

一般の考え方からすれば、神智学を代表してヨハネ福音書について語るときには、従来行われてきたように、この聖典を下敷きにして、必要な真理をそこから汲み上げ、そのような真理を聖典の権威を借りて布教しようとするつもりだろう、と思うのではないでしょうか。しかしそういうことが神智学の課題ではないのです。神智学は、それとはまったく異なる仕方で、世界を考察します。近代人の精神の課題に神智学が応えようとすれば、どんな人でもみずからの内なる能力を開発すれば、霊的世界を知覚できるということを、まず示さなければなりません。どんな人でも、内なる能力を使って、感性界の背後にひそむ存在の秘密に参入できるのです。自分の認識の力で、「宇宙の創造的な働き」に近づくことができるのです。

だから誰でも、ヨハネ福音書の内容に籠められた秘密を、伝統や文献の助けを借りずに、自分の手で開示できます。このことをはっきりさせるために、極端な例を挙げてみましょう。なんらかの出来事によって、この世から一切の宗教聖典が失われたとしましょう。その場合でも、人間が所有している内なる能力さえあれば、誰でも存在の秘密に参入して、物質界の背後に隠されている神的＝霊的な創造力に出会うことができるのです。

神智学はすべての文献から独立したこの認識の源泉に基づいて考察を始めなければなりません。しかし、そのようにして自由に研究し、すべての記録から離れて神的＝霊的な宇宙の秘密を探究したのちに、改めて宗教聖典に向かうと、その聖典の真の価値が分かります。そのとき初めて、私たちは文献から自由になり、そこから独立して、あらかじめ独自に獲得した事柄を、文献の中に見出すのです。宗教聖典に対してこのような態度をとったとしても、その聖典がそのことによって価値をそこなわれたり、その聖典に対する畏敬の念が失われたりすることはありません。もうひとつ別な例を挙げて、この点を明らかにしてみましょう。

古代ギリシアのユークリッドは誰でも学校で習うあの幾何学を初めて教えた人です。しかし幾何学の学習はユークリッドの『幾何学原論』十三巻に依存しているでしょうか。かつてユークリッドが初めて幾何学について述べたその書物のことをまったく知らない子どもたちが、同じ幾何学を学んでいるのではないでしょうか。私たちがユークリッドの書から独立しても幾何学を学ぶことができるのは、幾何学が人間精神の能力から生じたものだからです。そして私たちが幾何学を自分の精神の能力によって学びとったあとでユークリッドの偉大な幾何学書を読めば、正しい仕方でその書を評価できるでしょう。なぜならそのとき初めて、自分が何を学びとったのかを知り、その認識内容が初めて世に現れたときの表現形式を評価できるからです。同じように今日の人間は、ヨハネ福音書の偉大な宇宙的諸事実を、人間の内にまどろむ能力を通して、見出すことができるのです。ちょうど生徒がユークリッドの手になる最初の幾何学書については何も知らなくても、幾何学を学べるように、ヨハネ福音書については何も知らなくても、そうできるのです。

高次の世界についての知識を身につけた人がヨハネ福音書を読むとき、人類の精神史の中で、そのときに何が提示されたのか、と考えます。そこには霊界の最も深い秘密の数々が封じ込められています。一冊の本を通して、そのときにそのような秘密が人類に提示されたのです。神霊界の諸事実をあらかじめ学んでいることが、ヨハネ福音書の神的＝霊的な性質を正しく理解することに通じるのです。

霊的書物にいかに向き合うか

ヨハネ福音書のような聖典に含まれているすべてを、言語としてよく理解できる人びとが、つまり文献学者や、しばしば文献学者と変わりない神学者たちが、そのような霊的な書物に向き合うときと、神智学の代表者がそうするときと、一体どこが違うのでしょうか。もう一度ユークリッドの『幾何学原論』の例にもどって考えてみましょう。一体どちらの方がよりよい理解者なのでしょうか。その人なりに一字一句を正しく翻訳することができても、幾何学をよく理解していない人がそうなのでしょうか。幾何学のことをよく知らないでユークリッドの幾何学書を翻訳するとしたら、たとえその人が古代ギリシア語にどれほど通じていたとしても、歪んだ評価しかできないでしょう。たとえ翻訳者が、文献学的には未熟であったとしても、幾何学に通じている人なら、ユークリッドの書物をよりよく評価できるでしょう。神智学の代表者がヨハネ福音書に向かうときと他の多くの研究者の場合との相違は、そのようなものなのです。今日、ヨハネ福音書は、幾何学を知らない文献学者たちがユークリッドの幾何学書を解釈するのと同じような仕方で、解釈されています。しかし神智学者はヨハネ福音書の中に記されているのと同じ霊界の諸事実を、みずからの中から提示できます。ですから神智学者はヨハネ福音書に対して、ちょうど現代の幾何学者がユークリッドの『原論』に対するのと同じ立場にあるのです。彼はヨハネ福音書の中に見出せるものを、すでに携えてきているのですから。

そんな態度をとるとしたら、外からいろいろな解釈を聖典の中に持ち込むことになってしまうだろう、という非難に対して、わざわざ応える必要はないでしょう。福音書の内容を理解していれば、福音書の中に別な何かを持ち込む必要など生じませんから、そのような非難にいちいち応える必要を感じないのです。或る文献の中に真実の内容を見出したとき、それによってその文献の価値や評価が失われたりするはずがありません。特にヨハネ福音書について、このことが言えます。実際、宇宙の秘密に参入した者にとって、この書は人類史上最高度に意味深い文献のひとつなのです。

それなのに、霊学上それほどにまで重要な文献が、時代が下るにつれて、特に神学の研究者によって、他の三福音書よりも、ますます無視されるようになってきました。どうしてでしょうか。ヨハネ福音書に直接向き合う前に、この点に触れておこうと思います。

ヨハネ福音書の特異性

ご承知の通り、ヨハネ福音書に関しては、奇妙な考え方が幅をきかせています。この福音書は以前、イエス・キリストの生涯についての最も深刻で、最も重要な文献のひとつとされ、パレスチナにおける諸事件を歴史的に語った重要な記録であると信じられていました。ところが近代に到って、確実な基盤の上に立って歴史研究を行おうする学者たちの手で、そのような確信の土台が掘り崩されました。ここ数世紀の間に、福音書相互の間にさまざまな矛盾のあることが指摘されました。神学者たちは、検討し、逡巡した結果、四つの福音書の中には多くの矛盾がある、どうしてパレスチナにおける諸事件が四つの側面から異なる仕方で語られるようになったのか、その明確な理由は見当らない、と思うようになりました。実際、マタイ伝、マルコ伝、ルカ伝、ヨハネ伝の記述をそのまま受けとりますと、同じ事柄についての異なる表現にぶつかり、そのすべてを歴史的な事実として調和的にまとめることができなくなるのです。そしてこのことが次第に聖書研究者の常識になってきたのです。

さらに、最初の三つの福音書はパレスチナの諸事件をある程度同じ仕方で語っているのに、ヨハネ福音書だけはきわだった相違を示しています。ですから歴史的な記述としては、最初の三つの福音書の方が信用できる、と考えられるようになりました。他の福音書の作者たちは出来事をそのまま物語ろうとしているのに対して、ヨハネ福音書の作者だけは、まったく異なる意図を持っていたのだろう、ということになりました。そしてさまざまの理由をつけて、ヨハネ福音書がかなり後になって書かれたのであろう、と考えるようになりました。

この点に関しては、のちほどまた取り上げるつもりですが、多くの聖書研究者は、ヨハネ福音書が二世紀の三〇年代か四〇年代に書かれた、と信じています。早くても、二世紀の二〇年代を遡らないというのです。つまりキリスト教が特定の存在形態をとって各地に拡がり、たぶん敵対者も現れた時期に書かれたというのです。そう考える人びとは、ヨハネ福音書の中に、キリスト教に敵対するさまざまな動きに対する一種のアポロジー（弁護）を行おうとする意図を見ているのです。作者は歴史的な事実を忠実に語るのではなく、その事実に対する自分の態度を語ろうとした、と見ているのです。

多くの人は、ヨハネ福音書を一種の宗教詩のようなものだと思いました。作者は自分の信じるキリストについての宗教的、抒情的な気分から筆をとり、他の人びとにも同じ感動を呼び起こし、同じ気分にひたらせようとした、というのです。この見解は常にそれほど極端な言葉で述べられていたわけではありませんが、しかし文献を研究すると分かるように、この主張は広くゆき渡っており、現代人の魂に説得力をもって語りかけています。現代人の考え方にかなっているからです。

数世紀以来、考え方がますます唯物論的になってきましたので、ヨハネ福音書の冒頭の言葉にあるような宇宙生成論に対して、一種の拒否反応が起きるようになりました。どうぞ、考えてみて下さい。

この冒頭の言葉は、西暦の初めに地上に生きていたナザレのイエスの中に、最高の霊的存在が受肉した、と述べているのです。ヨハネ福音書の作者は、まったく彼らしい仕方で、イエスについての物語を、「言葉」もしくは「ロゴス」から始めました。

言葉が太初にあった。……そしてすべては、この言葉によって生じた。（一章一－三）

これを意味する通りに受けとれば、次のように言わざるをえなくなります。――ヨハネ福音書の作者は、宇宙の太初を言葉《ロゴス》と呼び、そしてすべての事物は、万物の根元であるロゴスによって作られた、しかもそのロゴスが肉体となって、私たちのもとで暮した、と言おうとしている。（一章一四）つまり、こう言おうとしているのです。――ロゴスはイエスとなって私たちのもとで暮していたのだ。だからイエスのことを知ろうとするなら、君たちの周囲の万物、植物や動物や人間を創り出した原理と同じ原理が彼の中に住んでいた事実を受け入れなければならない。

無理にこじつけたりはせず、素直にこのヨハネ福音書の言葉を受とるならば、最高の創造原理が一度人間の肉体に宿ったことになります。人間の心に訴えかけるこの考え方を、今日の多くの神学者が語っている考え方と較べてみて下さい。現代の神学書や説教の中で語られているのは、次のことなのです。――我われはもはや超感覚的な原理などに訴えかけたりはしない。最初の三福音書が語るイエスが本来のイエスの姿だ。そこには、他の人びとと似ている「ナザレ出身の素朴な男」のことが語られている。

啓蒙神学の「ナザレの素朴な男」

多くの神学者にとって、この素朴な男こそが理想となったのです。歴史上の出来事を一般の人間的な出来事と、可能な限り同列に置こうとするのです。ヨハネ福音書の描くキリストのような崇高な存在が、ひとり突出しているというのは、人びとの神経を逆なですることなのです。ですから、ヨハネ福音書はイエスを神化して、ナザレ出身の素朴な男を神として崇仰している、ということになります。単なる素朴な男の方が、神学者たちの気に入るのです。そうすれば、イエス・キリストをソクラテスのような、偉大な人間のひとりとして語ることができるのです。

イエスは他の偉人たちとは本質的に異なる存在なのですが、「ナザレ出身の素朴な男」について語るときには、どこかで通常の陳腐な人間性を基準にして語ることができます。今日のいわゆる「啓蒙神学」の立場で書かれた無数の神学書、神学論文が「ナザレ出身の素朴な男」について語るとき、そこには数百年来の唯物論的な感覚が生きているのです。この立場は、物質的、感覚的なものだけが実在する、それだけが意味を持っている、と信じているのです。超感覚的な世界に眼を向けることのできた時代の人は、外から見れば、歴史上の偉人たちとナザレ出身の素朴な男とを比較することができるけれども、ナザレのイエスの中の、眼に見えぬ霊的な存在に眼を向ければ、この男が比較することのできない存在であることが分かる、と思っていました。

超感覚的なものへのまなざしを失った人は、平均的な人間性を超えるすべてが理解できなくなりました。その結果が宗教観の中に顕著に現れています。唯物論はまず初めに、宗教生活に働きかけるのです。

聖書の唯物論的解釈

たとえば、「最後の晩餐」において、パンとぶどう酒が肉と血に変わったことを考えてみましょう。この連続講義の中で詳しく申し上げるつもりですが、「晩餐」を霊学的に解釈したときにも、「晩餐」の意味が失われたりはしません。今日よりも霊的な感覚を持っていた頃のキリスト教の考え方は、そのような解釈をしていました。中世の前半期まではそうでした。その頃の人なら、「これは私の体である……これは私の血である」（マルコ伝一四章二二－二四）という言葉を、これから申し上げるような意味で理解していました。しかしそのような意味は、時代と共に忘れられていきました。なぜそうなってしまったのでしょうか。

　中世の頃に、皆さんが想像する以上に深刻な仕方で人びとの心の中に働きかけた、非常に注目すべき傾向が現れました。人間の魂が時代と共にどう変わっていったのか、魂が何を体験してきたのか知ろうとしても、今日の歴史書からでは、ほとんど何も学べないでしょう。ヨーロッパ中世の中期に、キリスト教徒の魂にひとつの傾向が権威をもって深刻な作用を及ぼし、「晩餐」についてのそれまでの感じ方を唯物論的に変えてしまいました。その結果、「これは私の体である……これは私の血である」という言葉を聞いても、物質的な意味で、パンとぶどう酒が肉と血に変わったのだ、としか考えられなくなったのです。以前は霊的に受けとめられていた事柄が、物質的な意味でしか考えられなくなったとき、すでに唯物論が、近代自然科学の成立するずっと以前に、宗教生活にしのび寄ったのです。

これに劣らず重要な例がもうひとつあります。中世の人が創世記の「創造の六日」を解釈するのに、その一日を今日の意味での二四時間だと考えていた、とは思わないで下さい。そんなことは当時のどんな神学者も思いつかなかったでしょう。創世記が何を述べていたのか理解していたからです。一体、創世記に関して今日の意味での一日を考えることに、どんな意味があるというのでしょうか。一日は太陽に向かって地球が自転することで生じます。太陽と地球との関係が現在と同じであったときにのみ、今日の意味での「一日」について語れます。けれども太陽と地球がそのような関係になったのは、創世記の場合、創造の四日目からなのです。ですから一日は、そもそも創世記の四日目から始まるのです。それ以前を今日の意味で一日、二日と数えても意味がありません。昼と夜が生じるのは、四日目からなのですから。

物質界での昼と夜しか考えられなければ、昼と夜の霊的意味を考えることが不可能なのに、唯物論的に思考する人は、神学者でさえも、今日の意味での一日を創造の一日だと思い込んでいるのです。昔の神学者は違った考え方をしていました。古い聖典の重要な部分に不必要な事柄が記されているはずがない、と考えていました。ですから、創世記の第二章二一節「主なる神はそこで、人を深い眠りに落とされた。人は眠り込んだ」を、昔の神学者は特に重視しました。人間の霊的能力の進化に関して、少しでも学ぶと、人間の意識にはさまざまな状態があり、「眠り」に入る人が、肉体の拘束を脱して霊界を見る場合がありうることが分かってきます。ですから昔の人は次のように説きました。――神は人、つまりアダムを深い眠りに導いた。するとアダムは、肉体の感覚器官によっては知覚できないことを知覚することができた。それは見霊的な眠りであった。この物語は、高次の意識状態における経験を描いている。だからこそアダムは「深い眠り」に落ちるのである。

これが昔の説明でした。それ以前にも、人間が眠りに落ちていたとすれば、「神は人間を深い眠りに落とされた」と聖典にわざわざ記したりはしません。これが最初の眠りであったこと、以前の意識状態における人間は、霊的な事柄を常に知覚していたことを、この箇所が示唆していたのです。

かつては、聖書を霊的に理解していました。そして唯物論的な感覚が生じたとき、聖書の中のまさに霊的な記述が否定されたのです。しかし唯物論者が否定した内容は、実は唯物論者自身の作り出した内容だったのです。唯物論が支配的になると、そのようにして聖典の真の理解が失われてしまいます。神智学がみずからの使命に従って、「物質存在の背後には秘密がひそんでいる」と語るその同じ秘密が、宗教聖典の中にも記されているのです。

今日の人びとが危険思想だと思っている、いわゆる「唯物論」は、今述べた唯物論の最終段階にすぎません。まず、聖書が唯物論的に解釈されるようになりました。もしもあらかじめ聖書が唯物論的に解釈されていたのでなかったとしたら、学問の分野でヘッケルのような人物が自然を唯物的に解釈するようにもならなかったでしょう。一四世紀と一五世紀の宗教生活の中で基礎づけられたものが、一九世紀に実をみのらせ、自然科学的な世界観を栄えさせ、そしてその結果、ヨハネ福音書は理解不可能な聖典になってしまったのです。実際、霊的な宇宙根拠に眼を向けるのでなければ、ヨハネ福音書の価値は理解できません。その価値が理解できないからこそ、この福音書が過小評価されるのです。そして、この福音書を理解できなくなった人びとが、唯物論的な考え方にとりつかれて、上述したような聖書理解が現れたのです。

ヨハネ福音書と他の福音書との違いを、ひとつの単純な比較が教えてくれます。山を考えて下さい。その山頂に一人と中腹に三人、人が立っています。それぞれが違った高度に位置して、下界をスケッチしています。それぞれの立っている場所に従って、違った下界の風景が描かれます。その立っている地点から言えば、どの絵も正しく描かれています。頂上にいる人は、別な視点で下界を描きます。そのように、三人の共観福音書作者、マタイとマルコとルカの見たものは、別の立場から事柄を記しているヨハネの見たものとは違っているのです。学者たちは、ヨハネ福音書を理解できるものにするために、どういう説明をしてきたでしょうか。私たちの時代が、考えられる最大の権威主義の時代でなかったとすれば、誰でも容易にその誤謬に気づくであろうような説明が、厳密な研究者によってなされてきたのです。間違った説明をするはずがないという神学信仰は、今日その究極の地点にまで達しているのです。

ロゴスの教え

唯物論の影響を受けた神学者にとっては、ヨハネ福音書の冒頭から困難が生じます。「ロゴス」または「言葉」という言葉が、困難を生じさせるのです。人びとは次のように言います。「我われはすべてが単純で素朴であればいいと思っているのに、ヨハネ福音書が現れて、言葉と生命と光というような、高度に哲学的な事柄を語り始める」。

文献学者は常に、それが何に由来するのか、問おうとします。近代の作品に対しても、その態度に変わりはありません。ゲーテの『ファウスト』を論じた数限りない文献に眼を通してみると、その到るところで、あれこれのモティーフが何に由来するのかが論じられています。そのようにして、ゲーテが使った「ヴルム」（うじ虫）という言葉がどこから取られたものかを知るために、百年以上に亙って、あらゆる文献が参照されました。

同じ仕方で、ヨハネが「ロゴス」という言葉をどこから取ってきたのかが論じられるのです。素朴な人の心に語りかける他の福音書作者たちは、それほど哲学的な表現をしていません。ですから人びとは、ヨハネ福音書の作者がギリシア的教養の持ち主であったのだろうと考え、そしてアレクサンドリアのフィロンという、イエスと同時代の著述家がギリシア語でロゴスについて述べていることに注目しました。そして、教養あるギリシア人の集まりで高次の存在について語るときには、ロゴスという言葉を使った、と考えました。ヨハネ福音書の作者もこの言葉をその意味で使ったというのです。

このようにして、ヨハネ福音書の作者が、他の福音書の作者たちと異なる伝統の上に立っていたことが証明されました。ヨハネはギリシア文化の影響を受け、その立場で同じ事実を異なった仕方で表現し、そしてヨハネ福音書の冒頭の言葉、「太初に言葉があった。そして言葉は神のもとにあり、言葉は神であった」は、フィロンのロゴス概念がヨハネ福音書の作者の精神に働きかけ、その表現に影響したことを証明している、というわけです。

こう考える人に対しては、ルカ福音書の冒頭を開いて見せればいいのです。

わたしたちの間で実現した事柄について、最初から目撃して御言葉のために働いた人びとがわたしたちに伝えたとおりに、物語を書き連ねようと、多くの人々が既に手を着けています。そこで、敬愛するテオフィロさま、わたしもすべての事を初めから詳しく調べていますので、順序正しく書いてあなたに献呈するのがよいと思いました。（ルカ一章一－三）

ここでも冒頭で、物語ろうとする事柄が「言葉の証人であり、従者であった」人たちの伝承なのだ、と述べられています。ヨハネだけがギリシア的教養の持ち主であったのだとすれば、素朴な人びとに属するルカもまた「ロゴス」について語っているのは、おかしなことです。このことは権威主義的な人にも、上述した結論に至る過程が、決して厳密であったとは言えず、むしろ偏見でしかなかったことを気づかせるでしょう。ヨハネ福音書が上述した意味で共観福音書とは異なっているというのは、唯物的な色眼鏡の結果なのです。誰にでもすぐに分かるような仕方で、ルカ福音書の冒頭が、ロゴスについて語っているように、ロゴスの証人であり、従者であった人びとの語る「ロゴス」は、古代人の間でよく知られ、信じられていたのです。このことは、ヨハネ福音書冒頭の命題を深く理解するためにも、特に注意しなければなりません。当時、「ロゴス」あるいは「言葉」という言葉を用いた人びとは、一体その言葉で何を語ろうとしたのでしょうか。

人間の言語能力

理論的な説明や抽象的な概念規定をしてみても、ロゴスを理解することにはなりません。ロゴスについて語った人びとの感情生活の中に身を置くことができなければなりません。その人びとは周囲の事物を見ました。その人びとがそのとき周囲に何を見たのかを考えるだけではだめです。大切なのは、その人びとの感情がそれとどう結びついていたかを知ることです。見たもののあれこれを、どのようにしてより高次のものと思い、より低次のものと感じたのかを知ることが大切なのです。その人びとは自然界の鉱物、植物、動物、人間に眼を向け、人間をもっとも完全なもの、鉱物をもっとも不完全なものと感じました。特定の自然界の内部に高次の存在と低次の存在とを区別するとき、異なる時代の人びとは、異なる仕方でその区別を感じていました。

ヨハネ福音書の意味で語る人びとは、ひとつの事柄を特別重要だと感じていました。その人びとは動物に眼を向け、次いで人間に眼を向けました。そして両者の間に決定的な相違点があることを知りました。低次の存在と比して、高次の存在の特徴をもっともよく示しているのは、内なる働きを言葉を通して外へ響かせ、自分の思いを言葉によって周囲に伝える能力であるということに気づきました。低次の動物は沈黙しています。その苦しみや喜びを語りません。

そうなのです。虫は声を発して鳴きますが、その声は、ざりがにの立てる音と同じように、体をこすったり、ひっかいたりして立てた音です。高次の存在になればなるほど、内面を音によって表現し、魂の体験を音で伝える能力が育っていきます。人間が他の生物よりも高い所に立っているのは、人間が自分の喜びや悲しみを言葉で表すことができるだけでなく、個人的な事柄を越えた精神内容をも言葉で、思想として表現できるからなのです。

太初の創造原理が最後に現れる

ロゴスの教えを信じる人は、人間が今日の姿をとり、自分の内なる体験を言葉として外に響かせるようになる以前に、別の長い時代があったし、我われの地球が今日の姿を獲得するのにも、長い時の経過が必要だった、と説きました。

地球がどのようにして生じたのかは、のちほど申し上げようと思いますが、かつて、人間がまだ今日の形姿を持たず、自分の体験を内から外へ向けて鳴り響かせることのなかった時代もありました。私たちの世界は、沈黙した状態から始まったのです。そして遂に、内なる体験を外に向かって響かせ、言葉を発することのできる人間たちが地上に現れました。とはいえ、もっとも遅くなってから人間に現れた言葉は、世界の始まりに、すでに存在していたのです。ロゴスの教えの信奉者はそう考えていました。

今日の姿をした人間は、かつての地球にはまだ存在していませんでしたが。人間は、不完全な、沈黙した存在から、次第にロゴスもしくは言葉を発する存在にまで進化したのです。人間がそこまで進化できたのは、彼のもとで最後に現れた創造の原理が、高次の現実において、初めから存在していたからなのです。人間が魂の中から苦労して取り出したものは、太初における神の創造的な原理だったのです。魂から鳴り響く言葉は、太初にすでに存在していました。そしてその言葉＝ロゴスが進化を導いて、最後には、みずからを言葉で表現することのできる存在を生ぜしめたのです。

時間的、空間的に最後に現れたものは、霊的には初めに存在したのです。このことを例を挙げて説明してみましょう。私の前に花が生けてありますね。この花はしばらく前は何だったでしょうか。それは小さな種子でした。その中には可能性として、この白い花が存在していました。花が可能性として、種子の中に存在していなかったとすれば、今眼の前にあるこの花は、こうして現れることができなかったでしょう。それでは、種子はどこから来たのでしょうか。それはふたたび、このような花の中から来たのです。種子に花が先行します。花が咲いた後で、実がみのるのです。そのように、この花を生み出した種子は、同じひとつの植物から生じたのです。ロゴスの教えを信じる人は、人間をもそのように考察し、そしてこう語りました。——進化の過程を遡れば、以前の状態の中に、言葉をまだ知らない、沈黙した人間を見出す。しかし種子が花から生じるように、沈黙した人間種子は、太初において、言葉を発する神から生じたのだ。

すずらんの花が種子を生み、その種子がふたたびすずらんを生み出すように、神なる造物主の言葉が、沈黙した人間種子を生んだのです。そして、神なる造物主の言葉が沈黙した人間種子の中に入り込み、その中でふたたびみずからを開示するとき、根元的な造物主の言葉が、人間種子から鳴り響くのです。人間の進化の過程を遡っていきますと、不完全な存在に出会います。進化の意味は、最後には花となって、魂の内面を開示するロゴスもしくは言葉が現れることにあるのです。初めに、沈黙した人間が、人間種子として現れます。この人間種子は、ロゴスを発する神から生じました。現在の人間は言葉を発しない沈黙した人間から現れたのですが、しかし最後に存在するのは、太初のロゴスもしくは言葉なのです。

古代のロゴス思想を認識する人は、このようにして、存在の根元である、造物主の言葉にまで到るのです。ヨハネ福音書の作者は、そのことを冒頭で示しているのです。彼が冒頭で語る言葉に耳を傾けてみましょう。

太初に言葉があった。そして言葉は神のもとにあり、言葉は神であった。

今日、その言葉は、どこにあるのか、と彼は言います。今日もその言葉はあります。その言葉は、人間のもとにあるのです。言葉は人間なのです。そのようにしてヨハネ福音書の作者は、人間を神と結びつけます。どんな人の心にも容易に通じうる教えが、ヨハネ福音書の冒頭に鳴り響いているのです。

今日は、導入として、そもそもロゴスの教えを信じる人がヨハネ福音書のこの冒頭の一節をどう感じていたのかを、感情の観点から述べようとしました。これらの言葉の語られた当時の気分の中に身を置いたあとでなら、私たちもこのヨハネ福音書の根底に存在する深い意味の中に分け入ることができるでしょう。どのような意味で神智学がヨハネ福音書の真の再現であるのか、どのように神智学がヨハネ福音書を根本的に理解させてくれるのか、それを知ることこそが、この講義の課題なのです。

第二講

秘教的キリスト教、神なる先人

（一九〇八年五月一九日）

ヨハネ福音書冒頭の言葉は、宇宙の最も深い秘密に直接触れています。しかし福音書のこの言葉を正しい光の下に置くためには、霊的な認識を深めなければなりません。

そこで、これまで神智学を学んできた人にはよく知られている事柄を思い起こす必要があるのですが、今日は、神智学の基本的な観点を宇宙の重要な秘密と関連させて取り上げなければなりません。

神智学における人体と宇宙

神智学の観点から見ると、人間は肉体とエーテル体とアストラル体と自我から成り立っていますが、人間存在のこの四つの部分は、通常の覚醒時においてのみ、互いに結びつきを保っており、睡眠時の人間は、基本的にまったく別の存在になっています。この四つの部分が覚醒時とはまったく異なる仕方で関連し合っているのです。睡眠時の肉体とエーテル体は、ベッドに横たわっていますが、アストラル体と自我はその肉体とエーテル体から離れ、外に存在しているのです。ただし、このことは空間的な意味においてではなく、霊的な意味において理解されなければなりません。

夜の人間は二つの部分に別れて存在しています。一方はベッドに横たわっており、他方はその肉体、エーテル体から離れているのです。夜眠ってから朝ふたたび目覚めるまで、ベッドに横たわっている肉体とエーテル体は、自分の中に浸透していたアストラル体と自我を失っているので、覚醒時のような在り方をすることができないでいるのですが、このことを理解するには、宇宙の秘密をさらによく知ることができなければなりません。

眼で見、手でさわることのできる私たちの肉体は、長い進化の過程を経て今日に到りました。肉体は地球という私たちの惑星の進化の過程を、はじめから辿り続けてきたのです。地質学を学んだ人は、地球が現在とは異なる諸状態を通過してきたことを知っています。人間が輪廻転生を繰り返すように、私たちの地球もまた、今日の状態に到るまでに、さまざまな状態を通過してきました。人間に前世があるように、惑星にも前世があります。大宇宙も小宇宙も、転生の法則に従っているのです。地球は、今の地球になる以前、「月紀」と呼ばれる状態を通過しました。今日の月は、この古い惑星の断片なので、そう呼ばれているのです。ですから、「月紀」とは、今日の月のことなのではなく、地球のような惑星を意味しているのです。

人間の前世と現世との間には、一定の期間が存在していますが、そのように、今日の地球紀と月紀との間にも、一定の期間が存在しています。そして「太陽紀」と呼ばれた、かつての私たちの惑星状態と月紀との間にも、同様のことが言えます。太陽紀は、月紀に先行する惑星状態のことですが、さらに「土星紀」がその太陽紀に先行していました。ですから、私たちの惑星は、三回の転生を繰り返してきたのです。

私たちの人体は、土星紀に初めて萌芽として存在するようになりましたが、そのときの形姿は、もちろん今日の人体とはまったく異なっていました。今日の人間の肉体以外の存在部分は、土星紀にはまだ形成されていませんでした。「土星」が「太陽」に変化した、地球惑星の第二転生期に、エーテル体がこの肉体に結合し、浸透し、充満しました。その結果、人間の肉体に変化が生じました。肉体は別の形に変わり、別の仕方で生きるようになりました。こうして太陽紀における肉体は、その存在の第二段階に立ったのです。言い換えると、土星紀においてはまだ機械的、自動的だった人体が、内的に活発な体になることができたのです。肉体の中に浸透したエーテル体がそれを可能にしました。月紀になりますと、肉体とエーテル体にアストラル体が入り込み、肉体に三度目の変化を、エーテル体に二度目の変化をもたらしました。最後に地球紀では、肉体、エーテル体、アストラル体に自我が結びつき、この三重の関連の中で肉体に今日のような複雑な構造を与えました。今日の人間の肉体は、このように、いろいろな変化を経てきたのです。

人体と鉱物

今日の人体は、外界に存在する鉱物と同じ成分、同じ作用力を持っていますが、しかし人間の肉体と鉱物との間には、大きな相違があります。たとえば水晶は、外から破壊されない限り、自らの力でその形態を保ち続けますが、人体は自分の力ではその形態を保つことができないのです。それはエーテル体とアストラル体と自我とがその中に浸透している限りにおいてのみ、みずからの形態を保っているのです。エーテル体とアストラル体と自我がそこから離れる瞬間に、誕生から死に到るまでに保ってきた姿とは、まったく異なる形をとり始めます。物理的、化学的な法則に従い、これまでの形姿を崩壊させてしまいます。それに反して、鉱物の結晶体は、その形態を維持し続けるのです。

同じことは、エーテル体についても言えます。死の直後、エーテル体とアストラル体と自我が肉体から離れますと、その後しばらくして、エーテル体もまた、アストラル体と自我から離れ、肉体が大地に返るように、宇宙エーテルの中に溶け込みます。そして、これまで何度もお話ししてきたように、エーテル体のエキスだけが、人間存在とひとつになったまま、あとに残ります。このように、人間の肉体は周囲の鉱物界と同じ物質価値を示しているのですが、鉱物界と肉体との間には、大きな相違が存在しているのです。

そこで、次のように言う人がいるかもしれません。――「土星紀における人間の肉体は、エーテル体にも、アストラル体にも、自我にもまだ貫かれていなかった。これら三つの人間部分は、太陽紀、月紀、地球紀において現れた。従って、土星紀の肉体は、鉱物的な価値だけを持っていた」。

しかし土星紀の後、この肉体が三度に亙る変化を遂げました。死せるものと考えられている今日の鉱物も、単なる物質体として存在しているのではありません。鉱物は物質体だけを持っている、と述べることは、私たちのこの物質界にとっては正しいことですが、しかしそれが絶対に正しいわけではないのです。私たちの肉体が、エーテル体とアストラル体と自我を自分の中に持っているように、今日の鉱物もまた、物質体だけでなく、エーテル体とアストラル体と自我を持っているのです。ただ、鉱物存在のこれら高次の諸部分は、高次の世界の中に存在しています。鉱物は、いわゆるアストラル界の中にそのエーテル体を持ち、いわゆるデヴァハン界（神界）もしくは天上界の中に、そのアストラル体を持ち、それよりさらに高次の霊界の中に、その自我を持っています。ですから、人間の肉体と鉱物の物質体との相違は、地上の物質界における人間の肉体が、覚醒時においては、そのエーテル体とアストラル体と自我をみずからの中に持ち、一方物質界における鉱物は、そのエーテル体とアストラル体と自我をみずからの中には持っていない、という点にあるのです。私たちは、私たちの世界の他に、別の諸世界のあることを知っています。感覚で知覚することのできる世界は、アストラル界に貫かれており、アストラル界はデヴァハン界に貫かれており、デヴァハン界はさらに低次のデヴァハン界と高次のデヴァハン界に別れています。

さて人間には、鉱物にない特徴があります。それは、覚醒時に三つの他の存在部分を自分の中に担っている、という特徴です。鉱物は自分の中にこれらの存在部分を担っていませんから、物質界の中に完全に存在しているとは言えないのです。人間の指の爪を考えてみて下さい。それは外なる自然界のどこにも、単独では存在してはいません。なぜなら、それが成長するためには、有機的な人体を必要としているからです。爪は、人体なしには存在しえないのです。

そこで、私たちの指の爪を見ることができても、他の人体部分を見ることのできない眼を持った小動物がいる、と考えてみて下さい。その動物が周囲を見回すと、私たちの指の爪しか見えません。そこに存在する鉱物は、指の爪だけなのです。それと同じように、私たちが完全な鉱物存在を考察するには、高次の世界へ昇っていかなければなりません。鉱物は高次の世界にそのエーテル体、アストラル体等を持ち、この物質世界には、物質体だけしか持っていないからです。高次の霊的現実の中に、エーテル体、アストラル体、自我を持っていないような鉱物存在はひとつもないのです。物質は、高次の世界でエーテル体、アストラル体、自我に結びついていなければ、まったく存在しえません。

しかし今述べた事柄には、矛盾が含まれています。人間は夜眠るとき、昼間目覚めているときとはまったく別の存在になる、と申しました。昼間の人間存在は、四つの部分からなる存在ですが、眠っているときの人間は、その物質部分だけしか考察できません。肉体とエーテル体だけがベッドに横たわり、アストラル体と自我は外に出てしまっています。ですから矛盾した存在になっています。アストラル体と自我とに見捨てられた存在になっているのです。

石は眠りません。石のエーテル体とアストラル体と自我とは、石に浸透してはいません。しかしそれらは常に同じ仕方で石との関連を保っています。人間の場合は、毎夜、アストラル体と自我が外へ出ていきます。人間は夜になると、自分の肉体とエーテル体のことを心にかけなくなり、これらをそれ自身にゆだねます。この事実は、必ずしも十分厳密に考察されているとは言えません。毎夜、人間は本来の霊的人間となって、自分の肉体とエーテル体から離れます。しかし肉体もエーテル体も、自分だけでは存在できません。石でさえ、その高次の存在部分に浸透されていなければならないのです。

このことを考えれば、私たちの肉体とエーテル体が、アストラル体と自我とを持たずに、夜、ベッドの中に横たわっていることがまったく不可能であることに気づくでしょう。それでは一体、夜何がどうなっているのでしょうか。

私たちのアストラル体と自我は、肉体とエーテル体の中には存在していませんが、その代わりに、別の自我と別のアストラル体がそこに存在しているのです。まさにこの場合にこそ、オカルティズムは、高次の霊的存在たち、神霊たちのことを考えなければならないのです。夜の間、私たちの自我とアストラル体は、私たちの肉体とエーテル体から抜け出ます。そしてその肉体とエーテル体の中には、その代わりに、高次の神霊存在たちのアストラル体と自我とが働いているのです。そしてこのことは以下の事情によるのです。

土星紀から太陽紀、月紀を通って地球紀に到る人類進化の全過程の中で、まず土星紀においては、人間の肉体だけが存在し、人間のエーテル体もアストラル体も自我もまだ存在していませんでしたが、当時のその肉体もまた、今日の石がそれだけでは存在しえないように、自分だけでは存在できなかったはずです。

事実、当時の肉体は、神霊存在たちのエーテル体とアストラル体と自我とに貫かれて存在していたのです。神霊存在たちが人間の肉体の中に住んでいました。そしてその後も住み続けました。太陽紀になってエーテル体が肉体の中に入ったとき、人間の幼いエーテル体は、それまでの神霊存在たちのエーテル体と混ざり合いました。そのことはすでに土星紀に始まっていました。

このことが理解できたとき初めて、エソテリック（秘教的）なキリスト教が昔から教えてきた事柄を理解する用意ができたことになります。

アテネの秘教的キリスト教

エソテリックなキリスト教は、エクソテリック（顕教的）なキリスト教と並んで、ひそかに存在してきました。しばしば述べたように、偉大な使徒パウロは諸民族にキリスト教を伝えるために、燃えるような力強い宣教活動を行いましたが、同時にエソテリックなキリスト教の一派を立てました。使徒行伝第一七章三四節に引用されているアレオパゴスのディオニシオはその派の代表者です。直接パウロ自身がアテネで設立したこの教派において、純粋な霊学が教えられました。今私たちは、そこで教えられたことを取り上げようと思うのです。これまでの考察は、そのための土台づくりでした。

このエソテリックなキリスト教は、次の教えを大切にしました。――覚醒時の人間は、肉体、エーテル体、アストラル体および自我から成り立っている。

もちろん今日の神智学の用語と同じではありませんでしたが、そんなことは重要ではありません。いずれにせよ、この四つの存在部分を持つ人間が、どのような進化の過程を辿ってきたかが伝授されたのです。

四つの存在部分から成る人間は、今見る姿をずっととり続けてきたのではありません。純粋にこの四つの存在部分から成る人間を考えるのでしたら、現代の人間ではなく、遠い過去のレムリア期の人間を見なければなりません。当時、肉体とエーテル体とアストラル体から成る人間に、さらに自我が付け加わったのです。

転生の意味

そのとき以来、人びとは数多くの転生を繰り返してきました。それでは、繰り返して地上に生まれ変わってくる進化の意味は、何なのでしょうか。それは、自我が自分自身に対して働きかけること、自我が他の三つの存在部分をつくり変えることにあります。自我はまず、アストラル体をつくり変えます。今日の人びとのアストラル体は、かつて自我が初めてアストラル体に働きかけたときの状態のままではありません。地球上で初めて受肉した自我は、それまで人間に与えられていた表象や感性や情熱の或る部分を、内から変化させます。生まれ変わる毎に、自我の働きを通して、アストラル体はますます変化させられます。ですから、今日の人間は、もはや四つの存在部分を持っているだけではなく、アストラル体の中に自我のつくり出したアストラル部分をも持っているのです。今日の人間は誰でも、二つのアストラル体を持っています。自我が変化させた部分と、そうでない部分とです。そしてこれからもますます、そうなっていき、いつかはすべての人間のアストラル体が、自我の所産となるでしょう。東洋の叡智は、自我が変化させたアストラル体をマナスと呼び、私たちはそれを「霊我」と呼びます。その場合の人間も、四つの部分から成り立っていますが、しかし第五の部分であるマナスもしくは霊我をもそこに加えることができます。今日のすべての人間のアストラル体の中には、自我の所産であるマナスが含まれているのです。

人間はさらに自分に働きかけ、地球はさらなる転生を続けます。すべての人の自我が、エーテル体に働きかける能力を次第に獲得していきます。今日すでに、多くの人びとがその働きかけを始めています。その結果、エーテル体が自我の所産になったとき、そのエーテル体を「ブッディ」もしくは「生命霊」と呼ぶのです。最後に肉体が自我によってつくり変えられると、そのつくり変えられた肉体は、「アートマン」もしくは「霊人」と呼ばれます。

未来の人間

遠い未来に眼を向けてみましょう。地球はオカルティズムのいう木星紀、金星紀、ヴルカン星紀という惑星状態を辿っていきます。地球がその過程を通過したとき、人間は本質的に高次の段階に立っていることでしょう。その時のアストラル体は、すべてがマナスに、エーテル体はすべてがブッディに、肉体はすべてがアートマンに変化しているでしょう。

地球進化の最後の時期の人間とその発端における人間とを較べてみますと、初め人間は、肉体だけの存在でした。その肉体をエーテル体とアストラル体と自我が貫いていましたが、これらは神霊存在たちのもので、ただ人間の肉体の中に宿っていたにすぎませんでした。進化の最終段階に立つ人間は、自分の自我によって貫かれています。自我がアストラル体をマナスに変えたとき、その自我自身がマナスの中に宿っています。この自我は、次いでエーテル体に浸透して、それをブッディもしくは生命霊に変え、さらに肉体をアートマンに変えます。進化の発端の人間と進化の終末の人間との間には、なんという相違があることでしょう。この相違に眼を向けるとき、私が意図して「矛盾」と呼んだ、人間の睡眠状態のことが理解できるでしょう。

エソテリックなキリスト教の教えは、このことを明示しています。地球が進化の目標に達したときの私たちの肉体は、今日の肉体のままでしょうか。そんなことはありません。自我によってつくり変えられた肉体が、そのときすっかり霊化された存在となっているでしょう。エーテル体もアストラル体も同様です。しかし人間の自我がそれらを霊化する以前にも、すでにそれらは霊化されていました。すでに述べたように、現在の石でさえも、エーテル体とアストラル体と自我によって霊化されて存在しているのです。高次の霊界に属しているエーテル体とアストラル体と自我によってです。このことは、エソテリックなキリスト教の説くところとまったく一致しているのです。

神霊存在としての人間

今日の人間は自分の肉体をまだ支配できずにいます。人間は自我によって肉体をつくり変える過程をまだ通過していないのです。人間はエーテル体をもまだ支配できずにいます。地球が金星紀に到るなら、そうできるでしょう。人間の自我によってエーテル体と肉体がブッディとアートマンに形成されるのは、金星紀になってからです。そのときの肉体とエーテル体は、霊的な仕方で自我に支配されているでしょうが、しかし、人間がいつか肉体とエーテル体に自分の手で与えるであろう霊的な部分は、今日でもすでにそれらの中に内在しているのです。すでに土星紀においてもこの霊的部分は初めから肉体の中に存在していました。それは太陽紀においても存在していました。そして肉体の中に留まり続けました。

ですから、今日の人間の肉体の中には、人間が進化の頂点に立つときに、その肉体を通して現れるであろうものが、すでに存在しているのです。神的なアートマンとして、神霊存在として存在しているのです。今日でもすでにエーテル体の中に、ブッディが神の生命霊として存在しているのです。すでに述べたように、人間のアストラル体は、自我によって支配されている部分と、まだ支配されていない部分の二つに分かれています。自我がまだ支配していないアストラル体の中にも、霊我が存在しています。神の霊我がです。しかし人間自身の霊的ないとなみは、自我が最初の受肉以来活動してきたアストラル体部分の内部にしか見出せません。これが現在の人間の在りようです。

覚醒期の人間を見てみますと、私たちの眼の前の肉体は、その外側にすぎず、その内側には、アートマン的本性が内在しているのです。肉体は、その内部においては、高次の神霊存在なのです。高次の神霊存在に貫かれているのです。同じことがエーテル体にも言えます。外側のエーテル体は、肉体を結びつけている存在ですが、内側のそれは神の生命霊なのです。そしてアストラル体もまた神の霊我に貫かれています。自我は、アストラル体の変化した部分だけを、この関連全体の中から、すでに自分のものとして取り出しているのです。

睡眠時の人間を見てみますと、この矛盾はただちに消えてしまいます。眠っている人間のアストラル体と自我は、肉体とエーテル体から離れて、その外にいます。そのとき、もしも神的存在がそのアストラル体と自我の代わりをしているのでなければ、翌朝までに、肉体は破壊されてしまっているでしょう。神的肉体的なものと神的エーテル的なものとが、人間の肉体とエーテル体がベッドに横たわっているとき、その中に存在しています。人間の肉体とエーテル体は、そのとき、神的アートマン的存在と神的ブッディ的存在とに貫かれているのです。

地球紀の発端においては、まだ自我が人間をまったく統御していませんでしたが、月紀から肉体、エーテル体、アストラル体が地球紀にやってきました。自我は地球紀に初めて生じました。しかしその以前から、神の自我が人間の肉体とエーテル体とアストラル体に浸透していました。アストラル体は神の霊我に、エーテル体は神の生命霊に、肉体は神の霊人に貫かれていました。

土星紀における神的生命霊は、現在、夜ベッドに横たわっている人間に宿っている生命霊です。この生命霊が人体、特に肉体を鉱物成分からつくり上げたのです。同じ生命霊は太陽紀に肉体を植物的存在にし、月紀に肉体を快苦を感じる存在にしましたが、人間はまだ自分に対して、「私」と言うことはできませんでした。人間はそのような段階を通過したあとで、本来の地球紀に到ります。

地球紀になっても、初めは大切な能力がまだ神霊から与えられていませんでした。自分の魂の働きを内部から鳴り響かせる能力がです。動物段階に立っていた月紀の人体は、沈黙したままでした。人間固有の本質を外に鳴り響かせる能力は、まだ神の下にあり、人間はそれを行使できませんでした。今日、響きを発することのできる動物がいるとしても、それは自分の内面を表現しているのではなく、自分の中の神の働きを響かせているのです。内なる魂の働きを言葉で表現する能力は、地球紀の人間に初めて与えられました。それ以前の人間は、沈黙したままの存在でした。

人体の進化の全過程

今日とり上げた事柄を、もう一度振り返ってみましょう。進化の全過程は、次のような仕方で導かれていました。言葉を語る能力はもともと、神の下にありました。そして神はまず、人間の内からこの言葉を響かせる能力を持つように、そのための身体条件をつくりました。すべてがそのために方向づけられ、その方向に導かれました。花が種子の中に内在しているように、語る能力、ロゴスの能力は、すでに土星紀の人間種子の中に内在していました。しかし言葉の響きは種子の中に隠されていました。植物が種子から生長するように、この能力も人間種子から生長したのです。

さて、土星紀の人体に眼を向け、それが何に由来するのかを考えてみましょう。一体、人体の究極の発端はどこにあるのでしょうか。何がなければ、人体は進化の過程を辿ることができなくなるのでしょうか。

人体はロゴス、つまり言葉から生じるのです。すでに土星紀において、人体はいつか語る存在になるように、ロゴスの証人となるように定められていました。人体が今日の形姿を持つに到ったのは、天地創造の摂理の根底に、「言葉」が存在していたことによるのです。人体全体は、言葉に向けて形成されています。いつか言葉が人体から発せられるように、初めから意図されていたのです。ですからエソテリックなキリスト者が人体を眺め、その原像を探し求めたとき、次の答を見出したのです。――人間は言葉の中に身体の原像を持っている。言葉は初めから人体の中で働いていた。そして言葉は今日もなお働いている。

人間がベッドに横たわり、そして自我がそこから離れるとき、神の言葉がそこに残された存在部分の中で働いているのです。人体の起源を問うなら、最初の人体はロゴスであり、言葉であった、と言えるのです。

土星紀が太陽紀に移り、肉体にエーテル体が組み込まれました。土星紀の肉体は一種の機械であり、自動装置でしたが、ロゴスに貫かれていました。太陽紀にエーテル体がそこに組み込まれますと、神の生命霊の働きが始まります。土星紀の人体は、ロゴスの表現でしたが、土星紀が終わり、新たに太陽紀が始まりますと、人体は生命霊に貫かれたエーテル体を組み込まれます。太陽紀において言葉が生命となるのです。それによって人間は、より高次の段階にもたらされます。

月紀になりますと、人間にアストラル体が組み込まれます。アストラル体は、見霊意識にとっては、今日でも、人間を取り巻くオーラとして現れます。それは現在の意識ではまだ見ることができませんが、光の体なのです。光であり、霊光なのです。そして私たちの物質界の光は、変化した霊光なのです。太陽光も、神霊のオーラである宇宙光の物質化したものです。地上では光が太陽から流れてきますが、人間の内部から流れてくる別の光もあるのです。月紀においては、人間のアストラル体が周囲の存在たちのために内から光り輝いていました。月紀において人間のアストラル的な光体が肉体とエーテル体に加わったのです。

進化の全過程を振り返ると、土星紀における肉体はロゴスの表現でした。太陽紀にエーテル体が生命霊の表現として、それに加わりました。言葉は生命になりました。月紀に光の体が付け加わりました。生命は光となりました。このようにして、人体は進化したのです。

地球紀になっても、人間は初めは神霊存在の被造物でした。当時の人間の肉体、エーテル体、アストラル体の中には、生命となり、光となったロゴスが生きていました。そして今、地球紀の人間に自我が加わることによって、人間は光と生命を生きるだけでなく、言葉と生命と光とを自分自身に対置し、それらを外から考察できるようになりました。それによって、すべてが彼にとっては外なる物質となり、外界に物質として現れたのです。

進化の過程をここまで辿るとき、私たちは第三講の出発点に立つのです。それは自我を所有する現在の人間が、神的存在の中からどのようにして現れたのかを示す地点でもあります。実際、自我を所有する現在の人間の以前には、神的な先人がいました。人間の自我が覚醒時に獲得した体験をもって、毎夜肉体とエーテル体を離れますと、常に人間の中で働いている神霊が、人間が何も配慮しないでいる肉体とエーテル体とのために働くのです。根源的な神霊存在が人間の肉体とエーテル体の中で働くのです。

ヨハネ福音書が開示する真理

「ロゴスの従者」であるキリスト教エソテリズムが語る存在の深い秘密は、ヨハネ福音書冒頭の偉大で簡潔な命題の中に、はっきりと示されています。その言葉は正しく翻訳されねばなりませんが、そこには、以上に述べてきた事実がはっきりと示されているのです。この命題の価値を正確に把握するために、最後にもう一度、以上の事実を振り返っておきましょう。

初めに人体の原像として、「言葉」がありました。そして「言葉」は万物の根底をなしていました。すべての動物・植物・鉱物は、後になって生じました。土星紀においては、人間だけが存在していました。太陽紀に「言葉」が生命になりました。そして月紀では光になりました。そして地球紀に人間が自我を獲得したとき、その言葉が人間から発せられるようになったのです。しかし人間は、言葉とは何であるのか、言葉は最後には何ものとなって現れるのかを学ばなければなりません。初めに言葉がありました。その言葉は生命となり、光となりました。そしてその光はアストラル体の中に生きています。人間の内面の闇の中に、その無明の中に、光が輝き入ります。地球紀は、人間が言葉の光を認識して、内部の闇を克服できるようになることに、その存在意味を持っているのです。

　ヨハネ福音書冒頭の言葉は、だからこそ、簡潔であり、多くの人にとって理解しがたい言葉なのです。しかし、宇宙における最も深刻な事実が通俗的な言葉で語りうるでしょうか。懐中時計の構造を理解するのには、知性をもって対象に深く関わることを当然としながら、宇宙における神的存在を理解するのには、単純、素朴な常識で十分だというのは、聖なるものに対する冒瀆ではないでしょうか。現代人は、宗教書の深い内容に眼を向けるとき、ああ、何という面倒な言い方をするのか、もっと簡単に表現できないのか、と言います。

　しかし、壮大な宇宙の進化に真剣に向き合おうとするのなら、ヨハネ福音書という、福音書の中でも最も深刻な福音書の冒頭にある言葉の深い意味に沈潜すべきなのです。それは以上に述べてきた事柄を簡潔に表現しているのですから。

　では、その冒頭の言葉を翻訳してみます。

太初に言葉があった。そして言葉は神のもとにあった。そしてこの言葉は神であった。

この言葉は、太初に神のもとにあった。

すべては言葉によって生じた。生成したもので、言葉によらずに生じたものは何一つなかった。

言葉の内に生命があった。生命は人びとの光になった。そして光は闇の中に輝いた。しかし闇は
それを理解しなかった。


どのようにして闇が次第に光を理解するようになるかについて、ヨハネ福音書はここからさらに物語り続けるのです。

第三講

地球の使命

（一九〇八年五月二〇日）

自己意識の進化過程

　きのう述べたように、ヨハネ福音書冒頭の言葉の中には、深い内容が秘められています。ヨハネ福音書の作者は太古の先人の生成に眼を向け、キリスト教エソテリズムの意味においては、すべてが言葉もしくはロゴスに帰せられる、と示唆しています。ロゴスはすでに土星紀において、創造的に働きました。そして生命となり、光となりました。太陽紀に生命となり、月紀に光となったのです。このようにして、人間は神霊存在の働きの下に、三つの惑星段階を通過しましたが、その過程で創られた人間の存在部分は、地球紀になってから、人間自我に貫かれました。まるで一種の種子のように、月紀から地球紀へひとつの存在がやって来ましたが、その存在は神的原言語から生じた肉体と、神的生命から生じたエーテル体と、神的な光から生じたアストラル体とから成っていました。この存在の内部に、地球紀になってから、自我の光が点火されました。肉体、エーテル体、アストラル体という三重の人体は、みずからの内部で「私である」と語ることができるようになりました。その意味で地球紀の進化は、「私である」の進化、人間の自己意識の進化であると言えます。「私である」こと、まったき自己意識化の能力は、地球紀の人類進化の過程の中で、ゆっくりと現れてきました。地球紀の人類の進化がどのようなものであったのか、自己意識化の働きである自我が人類進化の過程でどのようにゆっくりと現れてきたのか、私たちはそれをはっきりと認識しなければなりません。地球紀には、レムリア期と呼ばれる時期がありました。地球上で人間が初めて今日と同じ姿で現れた時代であり、私たちのもっとも内なる本性である自我が、アストラル体とエーテル体と肉体との中に初めて受肉した時代でした。

次いでアトランティス期になると、この時期の人間の大部分は、今日の大西洋の海底になった古アトランティス大陸に住んでいましたが、この大陸は大洪水によって没落しました。このことの記憶は、ほとんどすべての民族の洪水伝説の中に残っています。人間はそれに続く後アトランティス期の現在に到るまで、その内奥の本性をもって、次々に転生を続けました。事実、私たちの魂は、レムリア期になって初めて、肉体、エーテル体、アストラル体からなる三重の本性の中に受肉したのですが、それ以前のことは、あとで考察するつもりです。

レムリア期の見霊意識

進化の過程を考察するときには、途方もなく遠い過去にまで遡らなければならないのです。人間はゆっくりと今日の姿にまで進化を遂げました。神智学では、「私たちの今の生き方」を何と呼ぶのでしょうか。

私たちの今の生き方を、「朝目覚めてから夜眠るまでの意識状態」と呼びます。この状態の人間は、外的な身体の諸感覚によって、周囲の事物を知覚します。夜眠るときから朝目覚めるまでの人間は、周囲の事物を知覚しません。なぜでしょうか。なぜなら、今日の進化段階の人間の場合、本来の内なる人間である自我とアストラル体が、物質界において、肉体とエーテル体の中に存在しているときに、そのアストラル体と自我は、身体の感覚器官を使用して、世界の中へ見入り、聴き入り、そして物質的事物を知覚するのですが、夜眠ってから朝目覚めるまでの自我とアストラル体は、物質界の外のアストラル界にいて、眼と耳から切り離され、周囲を知覚できないでいるからです。このような覚醒時と睡眠時の交替は、ゆっくりと生じました。レムリア期の人間が初めて肉体に受肉した頃は、今日のように長時間ではなく、一日の中のごく短い時間だけ、自我とアストラル体が肉体に留まっていました。長時間肉体の外にあり、短時間だけ目覚めて、肉体の中に留まっていました。そのようなレムリア期の人間生活は、今とはまったく違ったものでした。

夜、夢のない眠りを眠っている人間のまったく意識を失った状態は、非常にゆっくりと生じたのです。当時の人間は誰でも、暗い見霊意識を持っていました。夜、肉体の外に出て、霊界に滞在していたときの意識は、たとえ今日の覚醒時の人間が事物を見るときのような明るさではなかったにしても、はっきりと周囲に霊界を知覚していたのです。この知覚を今日の夢と単純に比較することはできません。今日の夢は、当時の霊視のまったく退化した、最後の名残りにすぎません。もちろん今日の夢の中で知覚できるようなイメージを、当時の人間もまた知覚していました。しかしそのイメージは、きわめて現実的な意味を持っていたのです。それがどんな意味を持っていたのか、ここではっきりさせておきましょう。

太古の人間は、二四時間のうちのわずかな時間だけ、覚醒時の意識を持っていました。その間は外なる物体をごくおぼろげに、霧に包まれているかのように見たのです。今日と同じように周囲の事物を見るようになるには、長い時の経過が必要でした。太古の人間は昼間、霧に包まれたもののように物体を見ました。霧の深い夕方、私たちが通りを歩いて行くとき、街灯が霧に包まれ、まるで光のオーラのように見えるのと似ていました。もちろん似ているだけのことですが、当時の人びとは、周囲に立ち現れてくる物体を、まずそのように見たのです。そして眠っているときは、意識を失っていたのではなく、色と形を持ったイメージを体験していたのです。そのイメージの世界に比べれば、今日のもっともなまなましい夢の世界も、霧に包まれた、その余韻のようなものにすぎません。かつてのイメージは、周囲に存在する魂的、霊的な存在を示していたのです。

その頃の人間は、長い夜の睡眠遊行中に、害をなす存在が自分に近づいてきたとき、この存在を今日の人が昼間見るようには見ませんでした。近づいてくるライオンをライオンの姿としては見ないで、色と形のイメージが立ち現れてくるのを見たのです。そのイメージは、おまえに害をなすものがそこにいる、それはおまえを喰い殺そうとしている、早く逃げなければだめだ、と本能的に告げたのです。それは、周囲に生じる霊的、魂的な事象の正確な模像でした。霊的、魂的な事象はすべて、夜間に見られました。その後ごくゆっくりとした進化の過程の中で、人間はますます長時間、肉体の中に沈潜するようになりました。夜がますます短くなり、昼がますます長くなりました。

肉体の中に滞在する時間が長くなればなるほど、夜の見霊的なイメージは消え、今日のような日常意識がはっきりと現れてきました。しかし忘れてはならないのは、地球紀の人間が獲得しなければならない真の自己意識は、肉体の中に沈潜することによってのみ獲得される、ということです。かつての人間は、独立した存在としてではなく、自分がそこから発したところの神霊存在の一分肢として自分を感じていたのです。手が自分を生体の一分肢と感じるように、暗い見霊能力を持っていた頃の人間は、自分を神霊意識、神的自我の一部分だと感じていました。当時の人間は、自分について、「私である」とは言わず、「神であり、神の中の私である」と言ったことでしょう。

地球の使命――叡智から愛へ

私たちは今後ますます理解するようになるでしょうが、地球には特別の使命があらかじめ与えられていたのです。地球はこれまで、土星紀、太陽紀、月紀という三つの惑星段階を通ってきました。私たちはそれぞれの惑星段階を、等価値のものとして並列的に考察できる、と信じてはいないでしょうか。しかし、神的な創造過程においては、すでに一度存在したものがそのままふたたび繰り返されることは決してありません。どの惑星存在も、特定の課題を持っています。私たちの地球の場合、地球上で進化を遂げるべき存在たちが愛の要素を最高度に発達させる、という使命があるのです。進化の終わりに達したときの地球は、徹頭徹尾愛に貫かれていなければなりません。それでは、地球が愛を進化させるべき惑星である、とはどういうことなのでしょうか。

神智学が語るように、地球紀には月紀が先行しています。月紀という惑星段階も、独自の使命を持っていました。それは愛を育成する課題ではなく、叡智の宇宙、叡智の惑星を実現するという課題でした。地球紀以前に、私たちの居住する惑星は、叡智の段階を通ってきたのです。ひとつの単純な、いわば論理的な考察が、このことを明確に示してくれます。どうぞ周囲の自然のさまざまな対象を見て下さい。単なる悟性でそれらに向き合うのではなく、心情の力でそうしてみて下さい。そうすれば、自然の中に刻印づけられている叡智を、到るところに見出すことができるでしょう。叡智が一種の霊的な実体として、すべての対象の根底に存在しています。どうぞ、自然の中のどんなものでもいいから考察してみて下さい。たとえば大腿骨を考えてみましょう。ご承知の通り、大腿骨は単なる大きな棒なのではなく、見事な仕方で結び合っている構造体です。大腿骨がどんな法則に従ってつくられているかを調べますと、人体の上半身を担うために最小限の素材で最大限の力を発揮できるように組立てられていることが分かります。現代の土木技術といえども、これほど技巧をこらした骨組みを組み立てるところまでは到っていません。そこにはすべてを貫いて叡智が働いています。人間はそのような叡智を、いつかは自分のものにするでしょう。神的な叡智が自然全体を貫いており、人間の叡智は少しずつそこへ到ろうとしています。時の経過の中で、人間の叡智は、神の叡智が地球に組み込んだものを、内的に獲得するようになるでしょう。

そのような叡智が月紀において準備されました。そして今、地上の到る所に見出せます。それと同じ意味で、地球紀において愛が準備されるのです。月紀の時代を霊視できたならば、当時のすべての事物の中には、そのような叡智がかならずしも存在していたわけではないことに気づくでしょう。或る種の事物は、まだ叡智を表していませんでした。月紀の進化過程の中で、叡智が事物の中に組み込まれていきました。そしてその進化がなし遂げられたとき、すべての事物に叡智が組み込まれるようになったのです。

内なる叡智は、地球紀において、自我を持つ人間の中に組み込まれました。しかし人間はゆっくりとその内なる叡智を育成しなければなりません。叡智は月紀に進化をなし遂げました。そして今は事物の中に存在しています。そのように、今愛が進化を遂げつつあります。初めそれは、低次の感覚的な形式をとって、レムリア期に現れました。しかしそれからますます霊化され続け、最後に地球紀が終末を迎えるとき、地球の存在全体が愛に満たされていることでしょう。そしてそれは、この課題を果たすべき人間の働きによってのみ、成就されるのです。

こうして地球紀は、次の惑星状態である木星紀に到ります。木星紀に生きる存在たちは、すべての事物の中から愛が香り高く現れ出るのを知るでしょう。その愛は、地球紀の私たち人間が自分で事物の中に組み入れたのです。今日の人間が叡智を自分の中から引き出すように、木星紀の人間は、愛を自分の内部から発展させることができるでしょう。壮大な宇宙の愛が、そのとき、諸事物の中に浸透するでしょう。そのような愛が今、地球紀において存在を開始するのです。

唯物論的な感覚は、宇宙の叡智のことなど知ろうとはせず、人間の叡智だけを信じています。人びとが偏見を持たずに進化の過程を洞察するならば、すべての宇宙の叡智は、人間の叡智が地球紀の終わりに到達する所にまですでに達していることに気がつきます。現代よりももっと適切な名づけ方をしていた時代の人びとは、人間の内部に働く主観的な叡智のことを、宇宙の客観的な「叡智」に対して「知性」と名づけました。人間が地球紀において行う発明、発見のすべては、すでに月紀の間に神霊存在たちによって所有され、地球紀に移植されたものなのです。人間はそのことを少しも考えようとはしません。ひとつの例を挙げてみましょう。

たとえば、人類の偉大な紙の発明は、学校の子どもたちにどのように教えられているでしょうか。蜂たちは、何千年も前から、紙をつくってきました。蜂たちのつくる巣は、人間のつくる紙とまったく同じ性質の素材からできています。そして紙とまったく同じ仕方でつくられているのです。ただ、それは生命過程によってつくられています。神霊存在の一部分である蜂の霊、蜂の魂は、すでにはるか昔から紙の発明者でした。

そのように、人間は本来、宇宙叡智のあとを手探りで追いかけてきたのです。原則的に言えば、人間が地球紀の過程で発明するであろうすべては、すでに自然の中に含まれているのです。

しかし人間が本当に地球にもたらすべきものは、愛なのです。もっとも感覚的なものからもっとも霊的なものにまで発展すべき愛なのです。これが地球紀の人間に与えられた課題です。地球は愛の宇宙になるのです。

愛の要件

それでは一体、愛にとっては何が必要なのでしょうか。或る存在が他の存在を愛するようになるためには、何が必要なのでしょうか。そのためには、その存在がまったき自己意識を持ち、まったく独立していることが必要なのです。もしも愛が他の存在への自由な贈り物でないとしたら、まったき意味においては、愛であると言えません。私の手は私の身体を愛していません。独立し、他の存在から切り離されているものだけが、他の存在を愛することができます。そのためにこそ、人間は自我存在にならなければならなかったのです。地球が愛の使命を、人間を通して成就させるために、自我は三重の人体の中に移植されなければなりませんでした。ですから、キリスト教エソテリズムの意味において、他の諸能力が、月紀の叡智を含めて、神々の手で送り込まれたように、愛が地球紀に地球に送り込まれるとき、その愛の担い手は、地球紀に形成される自立的な自我でなければならないのです。人間の能力はすべての場合、従って今日の意識を獲得する場合にも、ゆっくりと時間をかけて準備されなければならないのです。もしもレムリア期の人間が、ただちに肉体の中にまで沈潜したとすれば、外なる現実に向き合うことはできたでしょうが、急速な進化の中で、愛を受け入れる余裕は持てなかったでしょう。だからこそ、人間はゆっくりと、地球紀におけるおのれの使命を遂行していかなければならないのです。

愛の最初の種子

完全な自己意識を持つ以前に、明るい日常意識で周囲の対象を知覚するには程遠い状態において、薄暗い意識を担った人間は、無意識に愛の最初の授業を受けました。人間が太古の夢のような見霊意識をまだ保ち続けていた頃に、従って魂が長時間身体の外にあった頃に、まだ自己意識を持たぬ暗い意識状態の人間に、愛が植えつけられました。まだ完全な自己意識を獲得していない、太古の人間のことを思い浮かべてみましょう。

その人間も夜眠ります。しかし目覚めと眠りとは、はっきり区別されてはいませんでした。生きいきとした夢のイメージが現れます。しかしそれは霊界に対する生きいきとした関係を示しているのです。人間は眠ると、霊界に入っていき、そして神霊がその人間の暗い意識の中に、愛の働きの最初の種子をまくのです。地球紀の過程で愛として実現されるべきものが、初めは夜の間に、人間に与えられたのです。本来の使命を地球人に与える神は、まず夜の暗い見霊意識の前に、自分をはっきりと現します。明るい日常意識に自分をはっきりと現すようになる以前にです。次いで暗い見霊状態の中で過ごす時間が少しずつ短縮され、昼の意識がますます長時間に及ぶようになると、対象を取り巻くオーラのへりがますます曖昧になり、対象はますます輪郭をはっきり示すようになります。以前の人間は、太陽や月を巨大な暈を持つ存在として見ていました。すべてが霧の中でのように見えたのです。全体の光景が少しずつ透明になり、事物にはっきりした輪郭が現れます。この状態はゆっくりと生じました。太陽が地上に光を降りそそぎ、その光を通して外なる存在全体、鉱物、植物、動物が人間の前にはっきりと姿を現すとき、その姿を人間は、外の世界における神的なものの開示であると感じました。

秘教的キリスト教の意味から言えば、明るい覚醒意識が見る地上の諸事物は、神的諸力の開示なのであり、内なる霊性の外化であり、物質化なのです。天空の太陽を見るときも、地上の諸事物を見るときも、そこに見出すものは神的、霊的なものの開示なのです。森羅万象の根底に存するこの神的、霊的なもの、可視的世界の根底に存するこの不可視的世界は、秘教的キリスト教では、「ロゴス」または「言葉」と呼ばれます。事実、人間は遂にみずから言葉を発する存在になることができましたが、その人間も含めて、動物界、植物界、鉱物界のすべては、同じ「言葉」から生じたのです。すべてはロゴスの物体化であり、外化なのです。私たちの内部に働いている不可視的な魂が外に身体を生じさせているように、宇宙における魂的なもののすべても、みずからにふさわしい外的な体を生じさせ、物質を通してみずからを現すのです。

ロゴスと日光

今私たちがとり上げているヨハネ福音書における「ロゴス」は、一体どこにその物質体を持っているのでしょうか。「ロゴス」の物質体はどこにあるのでしょうか。それは外なる日の光の中にあるのです。日の光は、物質的な光だけではありません。霊的に見れば、私たちの外なる身体が私たちの魂の衣裳であるように、日の光はロゴスの衣裳なのです。

日常の私たちは、太陽に向き合うときのように人間に向き合っても、その人間を知ったことにはなりません。考え、感じ、意志する魂を無視して、その人間を見たり触れたりするだけなら、その人間は粘土細工と同じものでしかありえないでしょう。日の光の中の霊的なものを知ろうとするのなら、人体だけでなく、その内面をも知ろうとするときと同じ態度で考察しなければなりません。日の光とロゴスとの関係は、人体と内なる魂との関係に似ています。日の光の中で、霊的なものが地上に流れてきます。そして私たちが太陽の体だけでなく、太陽の霊をも受けとることができたなら、この霊が地上に流れてくる愛であることに気がつくでしょう。日の光は、物質としての太陽光線が植物を目覚めさせ、生長させるだけではありません。それと共に、神の熱い愛が地上に流れてくるのです。人間は神のこの熱い愛を受けとり、それに応え、それを発展させるために、生きているのです。けれどもそのためには、人間が自己意識的な自我存在にならなければなりません。そうであるときにのみ、その愛に応えることができるのです。

愛の流入

人間が初めて覚醒時の生活を、最初はごくわずかな時間でしたが、営み始めたとき、光から愛を感じることは、まだできませんでした。光は闇に輝いていたのですが、闇は光をまだ理解できなかったのです。ロゴスの愛であるこの光がごくわずかな覚醒時の間にしか作用しなかったとすれば、その愛の光は人間に受け入れられることなく終わったでしょう。しかし太古の時代、人間の暗い見霊的な夢意識の中にも、この愛が流れ込みました。そして今私たちは、万象の背後に偉大な宇宙の秘儀を見ることができるようになったのです。

ある期間、無意識的な仕方で、暗い見霊意識を通して、人間に愛が流れ込みました。それは明るい覚醒意識の中で愛を生かすことができるようにするためだったのです。このことは、私たちの地球のための宇宙叡智の導きの結果でした。

すでに述べたように、私たちの地球は次第に、愛の使命を実現するためのコスモスになっていきます。地球は今、太陽に照らされています。その太陽には、人間が地球に居住して、次第に愛を身につけていくことができるように、人間とは異なる高次の存在たちが居住しているのです。太陽は高次の存在段階に達しています。人間が地球の住人であるというのは、人間が地球紀に愛を身につける存在である、という意味なのです。そして現在の太陽の住人であるということは、愛の火を点火させ、愛を流出することができる存在であることを意味しています。もしも太陽の住人が日の光と共に豊かな叡智をも地球に送り込まなかったとすれば、地球の住人は愛を受け入れ、それを発展させることができなかったでしょう。日の光が地球に流れ込むことによって、地上で愛の働きが発達していきます。愛を流出できる高次の存在たちは、太陽をみずからの活動舞台にしているのです。

ヤハヴェと六エロヒーム

月紀がその進化を終えたとき、愛を流出させることのできる七つの神的存在たちがいました。今私たちは、神智学の明かす深い秘密に触れることになります。

地球紀の初め、まだ幼児期の状態の人間が存在していました。その人間はこれから愛を受け入れ、自我を身につけなければなりません。一方、太陽は分離して、より高次の存在にまで高まっていきました。この太陽においてこそ、光の霊であり、愛の送り手であった七主神たちは進化できたのです。しかしそれらのうちの六つの神霊たちだけが太陽を居住地としました。私たちの方へ流れてくる日の光の中には、この六つの光の霊たち、つまり聖書に述べられている六エロヒームたちの愛の力が含まれています。一方、七番目の霊は分かれて、人類を救済するために別の道を行き、太陽ではなく、月を居住地に選びました。みずからの意志で太陽存在であることをやめ、月を選んだこの光の霊は、旧約聖書の「ヤハヴェ」または「エホヴァ」に他なりません。この霊は、月から豊かな叡智を地上に流し、それによって愛を準備しました。

万象の背後に存するこの秘儀に眼を向けてみましょう。夜の世界は月のものです。このことは、人間がまだ日の光を通して太陽から愛の力を受けとることのできなかった太古の時代には、一層あてはまりました。夜、太古の人間は豊かな叡智の力を月の光から受けとったのです。夜の意識の続く間、反射された月の光を通して、その力が人間に流れてきました。ですからヤハヴェは、夜の支配者と呼ばれるのです。彼はいつか愛が人間の昼の意識の中に生じるように準備したのです。太古の時代には、一方の側を太陽で、他方の側を月で象徴することのできる霊的な経過が生じていたのです。

その当時、夜の月が反射された太陽の力を人間たちに送り込んでいます。それは太陽から私たちのところに流れてくるのと同じ光です。ヤハヴェまたはエホバが六つのエロヒームの豊かな叡智の力を反射していたのです。そして眠っている人間にこの力を流し込み、いつか覚醒意識の時間に愛の力を次第に身につけることができるように準備しました。

次頁の図の左側は、太古の時代の覚醒時の人間を象徴的に表しています。肉体とエーテル体は神的なものに依存しており、自我とアストラル体は地上においてその肉体とエーテル体の中に存在してい

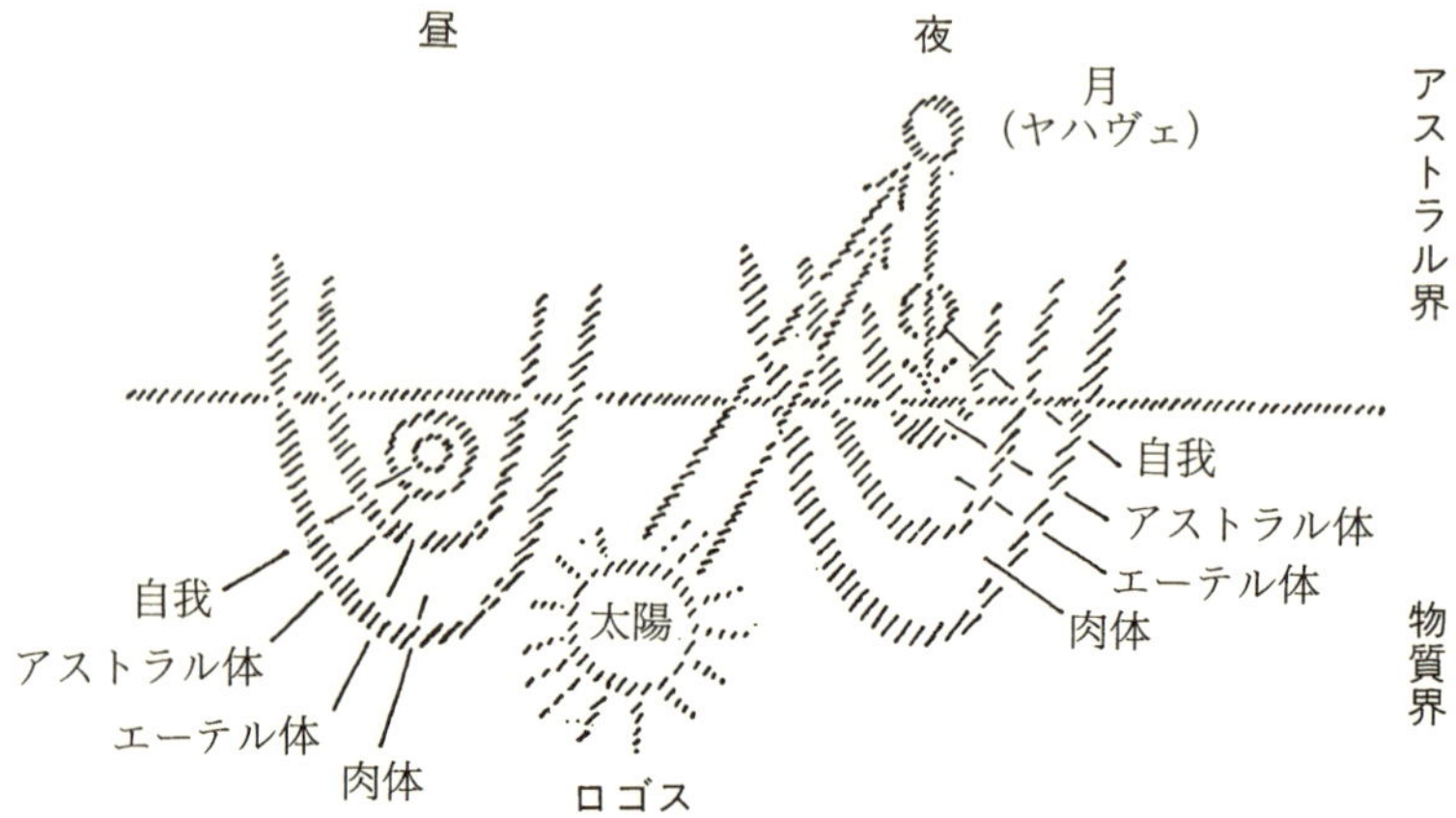

ます。太陽は外からこの人間を照らしています。一方、右側の夜はどうかというと、当時の夜は現在よりもはるかに長く、はるかに影響力を持っていました。アストラル体と自我は肉体とエーテル体の外にいました。アストラル体の一部分は外から肉体の中にあり、アストラル体の一部分は外から肉体の中に沈んでいますが、アストラル体全体は霊的神的なものの中に組み込まれていたのです。このような場合、太陽は人間のアストラル体に直接輝いて、その中に愛の力を送り込むことができません。そこで月が、日の光を反射しつつ、ヤハヴェまたはエホバを通して働きかけるのです。月はヤハヴェまたはエホバの象徴であり、太陽はロゴスである残りの六エロヒームの象徴です。どうぞこの図を象徴的に受けとり、その暗示するものを研究し、瞑想してみて下さい。

この図をよく考察してみれば、長い時代を通じて人間の夜の意識がヤハヴェを通じて愛の力を無意識に植え込まれてきたという、深い秘儀の真実の表現をそこに見出すでしょう。このようにして、人間はロゴスの愛の力を受けとることができるように準備されてきたのです。それはどのようにして可能だったのでしょうか。それはどのように生じえたのでしょうか。そう問うとき、私たちは秘儀の他の側面に眼を向けることになります。

「言葉が肉となった」

すでに述べたように、人間は自己意識的な愛を実現するために地上に生を受けたのです。だからこそ人間の明るい昼の意識がひとりの指導者を、感覚によって知覚できる師を持たねばならなかったのです。夜の間の暗い意識においてのみ、人間は愛を受け入れることができました。しかし、外で、物質的な仕方で、愛の本質を人間に見せることができる存在がいなければなりませんでした。それはどのようにして可能だったのでしょうか。ロゴスという神の愛の本質が地上の一存在となることによってなのです。それは、人間が感覚を通して知覚できるような、肉体を持った存在でなければなりません。そのために、神であるロゴスが、みずからそのような感覚的存在にならなければなりません。このことは、イエス・キリストによって可能となりました。イエス・キリストという歴史的存在は、六エロヒームであるロゴスの力が、西暦の初めに、ナザレのイエスに受肉したものに他なりません。ロゴスの力がイエスの中で、可視的世界の眼に見える姿となって現れたのです。このことが大切なのです。

太陽の内なる力である「ロゴス愛」(Logosliebe)の力が、ナザレのイエスという身体形姿となって現れました。他の外的対象、他の外的存在と同じように、神が人間の感覚意識のために外的な身体形姿をとって、地上に現れたのです。ですからイエス・キリストはロゴスである六エロヒームの受肉した姿に他ならず、ヤハヴェなる神は、そのための準備をしたのです。キリストが、つまりロゴスが受肉したナザレのイエスは、これまで常に太陽から地球に流れてきたもの、日の光の中だけに含まれていたものを、人間生活の中へ、人類史そのものの中へ持ち込むのです。「言葉は肉となった」のです。ヨハネ福音書はこの点に最大限の価値を置いています。

秘教的キリスト教とグノーシス派の相違

ヨハネ福音書の作者は、まさにこの事実に最大限の価値を置かねばなりませんでした。実際、秘儀に参入したキリストの弟子の何人かは、事柄の本質を理解しました。しかしその後、誰もこのことを完全には理解できなくなってしまいました。すべての物質存在の背後に霊的魂的な存在が働いていることは理解できたのですが、この世のひとりの人間の中にロゴスそのものが一度受肉した事実を理解することはできませんでした。この点で、その後の数世紀間のいわゆる「グノーシス」と真の秘教的キリスト教とが区別できます。ヨハネ福音書の作者は、力強い言葉で次のように指摘しています。――「そうではない。キリストを物質の根底に存する超感覚的、不可視的な存在であるとみなしてはならない。大切なのは、言葉が肉となって、我々のもとに住まわれたということなのだ」。

このことこそが秘教的キリスト教と本来のグノーシスとの微妙な相違なのです。グノーシスは秘教的キリスト教と同じように、キリストを認めますが、霊的本性としてであり、ナザレのイエスの中には多少なりともこの霊的本性に結びついた伝道者としての人間を見るだけなのです。グノーシスは不可視的なキリストにこだわり続けます。一方秘教的キリスト教は、「そして言葉は肉となり、私たちのもとに住まわれた」（一章一四）というヨハネ福音書の意味するところに留まっています。この言葉の確かな地盤の上に立って、可視的世界の中にロゴスである六エロヒームが本当に受肉したのだ、と言うのです。

キリストの意義

地上に生じるべき地球の使命が、パレスチナの出来事と共に本当に始まったのです。それ以前はすべてが準備でした。ナザレのイエスの肉体に宿ったキリストは、みずからをどのように呼べばよかったのでしょうか。

キリストは自分のことを、自己意識的な自由な人間存在の賦与者であり、その偉大な賦活者である、と名乗らねばなりませんでした。この生きたキリストの教えを簡潔に言い表すとすれば、次のように言えるでしょう。——地球は人間に完全な自己意識を、「私である」を与えるために存在している。それ以前のすべてはこの自己意識、この「私である」のための準備にすぎなかった。そしてキリストとはすべての人間が、それぞれ個的な存在として、「私である」を感じとることができるための衝動を与える者のことである。

今初めて、地上の人間を圧倒的な力で前方へ押しやる衝動が与えられたのです。このことをキリスト教と旧約の教えとの比較からも明らかにすることができます。旧約の中の人間は、みずからの人格の中に、この「私である」をまだ完全には感じていません。まだ古代の夢意識の名残りをとどめていましたから、みずからを自己であるとは感じないで、今日の動物が集合魂の一分肢であるように、神的存在の一分肢であると感じていました。集合魂から自立した個的な存在になること、それぞれがみずからの内に「私である」を感じる存在になること、それが人間の進歩なのです。そしてキリストは、この自由な「私である」の意識にまで人間をもたらす力なのです。このことの内的な意味を概観してみましょう。

旧約の信者は、新約の信者ほどには、人格の中に閉ざされている個人としての自分を感じていませんでした。「私はひとりの私である」とはまだ語りませんでした。みずからを古いユダヤ民族全体の中で感じ、集合的民族自我であると感じていました。

このような旧約の信者の意識の中に身を置いてみましょう。真のキリスト教徒は「私である」と感じ、そしてこれからもますますそう感じることを学んでいくのですが、旧約の信者は「私である」とは感じませんでした。みずからを民族全体の一分肢であると感じ、民族の集合魂を仰ぎ見ていました。そして、「私の意識は民族全体の父アブラハムのところにまで及んでいる。私と父アブラハムとはひとつなのだ。共通の自我がわれわれすべてを包んでいる。民族の実質の中にやすらうとき、私は宇宙の霊的本性の中に保護されている、と感じる」と語りました。

旧約の信者は、父アブラハムに眼を向け、私とアブラハムはひとつだ、と語りました。私の血管とアブラハムの血管には同じ血が流れている、というのです。

父アブラハムは、一人ひとりのアブラハム教徒がその枝となって、そこから生長する根のようなものに感じられたのです。

「私である」

一方、イエス・キリストは、彼の秘儀を受けた、ごく身近なものたちに、次のように語りました。

――「これまでの人間は、肉に従い、血縁に従って判断してきた。血縁は、人びとが眼に見えぬ高次の関連の中に生きていることの証しだった。しかし君たちは血縁よりももっと霊的な関連を信じなければならない。君たちは、霊的な『根元の父』を信じなければならない。それこそがユダヤ民族を結びつけるあの集合魂よりももっと霊的な根元なのだ。どんな人の自我も、そこに根を下ろしている。君たちは私の中に、そしてすべての人の中に存在しているものを信じなければならない。それはアブラハムとひとつのものであるだけでなく、神なる宇宙根拠とひとつのものなのだ」。

だからこそ、イエス・キリストは、ヨハネ福音書の中で次のように強調するのです。

父アブラハムの存在する前に、「私である」が存在した。（八章五八）

私の「根元の自我」は、アブラハムにまで到る父の原理とひとつであるだけではありません。その自我は全宇宙に脈打つものとひとつなのです。そこにまで私の霊性は及ぶのです。

わたしと父とは一つである。（一〇章三〇）

私たちはこの重要な言葉を、深く感じ取らねばなりません。そうすれば、イエス・キリストの出現によって与えられたあの衝動による人類進化の意味を、人間を押し進めるあの衝撃を、感じ取ることができるでしょう。イエス・キリストは「私である」の偉大な賦活者だったのです。

さて、彼のごく身近な秘儀参入者たちが語る事柄に、少し耳を傾けてみましょう。彼らは開示された事柄について、次のように語るのです。――「あの方は初めて『私である』のまったき意味を、この世に表したのです。これまでこの世に生を受けたどんな人間も、『私である』の名にこれほどふさわしくはありませんでした」。

だからこそ彼らは、「私である」こそがイエス・キリストの名だ、と述べたのです。もっとも身近な秘儀参入者たちは、この名において自分たちが互いに結ばれている、と感じました。「私である」という名においてです。

「イエス、世の光」

ですから、私たちはヨハネ福音書の最も重要な諸章の中に沈潜しなければなりません。「私は世の光である」と述べられている第八章を読むときには、それを言葉通り、まったく言葉通りに受けとらなければなりません。初めて肉の中に現れた「私である」とは何者なのでしょうか。それは日の光の中のロゴスの力として地上に流れてくるものと同じものです。第八章の一三節に始まる部分には、通常「イエス、世の光」という見出しがつけられています。それは「私である」の深い真実の意味を言いかえているのです。どうぞこの章を読むときに、「私」または「私である」の名の下に秘儀参入者たちが互いに結び合っていたことを知っておいて下さい。そうすれば、この第八章が理解でき、たとえば次のような読み方をすることができるようになるでしょう。

「その時イエスは弟子に向かい、次のように言われた。『私である』とみずからに対して言うことのできるものこそが、世の光の力なのだ。私の後についてくるものは、闇の中を歩くものには見ることのできないものを、明るい昼の意識の中で見るであろう」。

けれども、パリサイ人たちは、古い信仰から離れようとせず、夜の意識の中でしか愛の光を人間に植えつけることができませんでした。この人たちは次のように応じたのです。

「あなたはあなたの『私である』を引き合いに出すが、私たちは父アブラハムを引き合いに出す。私たちはそうすることによって、自己意識的存在として生きるにふさわしい力を感じる。父アブラハムにまで行きつく共通の自我の根元の中に沈むとき、自分の中に力を感じる」。

「イエスは語った。私が語る意味で『私』について語るときにこそ、その証しは真実となる。なぜなら、この『私』は父に、宇宙の共通の根元に由来しており、自分がこれからどこへ行くのかを知っているのだから」。（八章一四）

次いで、第八章一五節の重要な言葉に到ります。この箇所は次のように翻訳しなければなりません。

「あなた方はすべてを肉によって判断する。しかし私は肉の中のとるに足りぬものを評価しようとはしない。私が判断するとき、私の判断は真実である。なぜなら自我はそれ自身で存在するのではなく、自我は自我の父と結びついているのだから」。（八章一五－一六）

これがこの箇所の意味なのです。このようにいたるところで共同の父が示唆されています。父の概念については、もっと詳しく取り上げるつもりです。

このように考えれば、「父アブラハムが存在する以前に、『私である』が存在した」はキリスト教の教えの真髄を含んでいることが分かります。

今日私たちは、外的な仕方で理解するときよりももっと深く、ヨハネ福音書の言葉の中に入っていきました。その言葉を霊の叡智から取り出してきました。これらの重要な言葉はまさに、キリスト教の本質部分を表しているのです。福音書のこのような核心の言葉、根元の言葉を理解することによって、私たちはヨハネ福音書全体の中に明るい光をもたらすことができるのです。

以上はキリスト教の秘教学派で教えられた教義なのです。ヨハネ福音書の作者は、私たちが述べるような仕方で、この教えを書き記して、その意味を本当に参入したいと願う後世の人たちに残そうとしたのです。

どうすればそれをもっと深く体験することができるかについては、次の講義でお話しいたします。

第四講

ラザロの復活

（一九〇八年五月二二日）

聖典の構造

これまでの三回の講義で幾分なりとも明らかになったと言えるのは、ヨハネ福音書の中に神智学の真理が見出せる、ということでしょう。しかし、ヨハネ福音書のひと言ひと言を本当に秤にかけてみなければ、その真理は見出せません。この聖典にとって大切なのは、ひと言ひと言をそのまま正しく受け取ることなのです。事実、これからもいろいろと取り上げていくつもりですが、この聖典のすべての言葉は、考えうる限りでの最も深い意味を表しています。しかし各章の一言一句だけでなく、この聖典の構成、構造も重要です。こうした事柄について、現代人はあまり正しい感覚をもっていません。古代の著述家たちは、通常考えられる以上に、全体の内的構成に注意を払いました。このことを知るためには、比較的後期の詩人ダンテを思い出せばよいでしょう。『神曲』の中では、三つの数を基本として、すべてが大建造物を建築するように構成されています。そしてその各章の終りに「星ぼし」という言葉が用いられているのも、理由があることなのです。これはただ、古代の著述家たちが文章を法則に従って構成したひとつの例にすぎません。偉大な聖典の場合、首尾一貫した構造を決して忘れてはなりません。なぜなら、この構造には大きな意味があるのですから。したがってまず、このことの意味を明らかにしておかなければなりません。

そこで思い出しておきたいのは、ヨハネ福音書第一〇章の終わりの一文です。その四一節は次のようになっています。「多くの人がイエスのもとに来て言った。ヨハネは何のしるしも行わなかったが、彼がこの方について話したことは、すべて本当だった」。

第一〇章のこの箇所で、洗礼者ヨハネの行ったイエス・キリストについての証言が真実であった、と示唆されています。「証しが本当である」という特別の言葉で、そのことが表現されています。次いでヨハネ福音書の最後の部分、第二一章二四節に、それに応えた一文が見られます。「これらのことについて証しをし、それを書いたのは、この弟子である。わたしたちは、彼の証しが真実であることを知っている」。

ですから全体のまとめとして、これを報じる者の証言が真実のものである、と述べているのです。いろいろなところで、重要な事柄が同じ言葉で語られています。そのような表現の完全な一致と統合は、古文献においては決して無意味なことだったのではなく、まさにこの一致の背後に大切な何かが秘められているのです。ですから、その根拠に眼を向けるときにのみ、正しい光の下で考察することができるのです。

ヨハネ福音書の真ん中の箇所で、ひとつの事実が述べられていますが、この事実を理解しませんと、そもそもこの福音書を受け入れることができなくなってしまいます。真理の証しを裏づけるために述べられている箇所のすぐあとに、ラザロの復活の章が続きます。ラザロの復活の章によって、ヨハネ福音書全体は、二つの部分に分けられます。その前半の部分の終わりに、イエス・キリストの存在を主張し、そのための裏づけを行う洗礼者ヨハネの証しがあるのです。そして後半部、ラザロの復活の章に続くすべての部分が、「主が愛したもうた」(一三章二三)と言われる弟子の証しとみなされるべきなのです。一体「ラザロの復活」には、どういう意味が込められているのでしょうか。

ラザロの復活の物語のあとに、一見謎めいた一文があります。状況全体をイメージしてみましょう。イエス・キリストは通常の意味での奇蹟を、福音書の語る「しるし」を、つまりラザロの復活を実現させます。そしてそのあとで、「この男は多くのしるしを行っている」（一一章四七）という意味の言葉がいくつか述べられ、それに続いて、これらのしるしの故に、告訴人たちが彼と一切の関係を断とうとしていることが示唆されています。すでに私の『神秘的事実としてのキリスト教』の中で示唆したことですが、いろいろに訳されているこれらの言葉を読んでみますと、「一体その根底に何があるのか」と問わざるをえませんが、或る人間を復活させたことこそが、人びとをしてイエス・キリストに敵対せしめたのです。敵対者たちは、なぜラザロの復活にあれほど激昂したのでしょうか。なぜそのときから迫害が始まったのでしょうか。

正しく読むことができれば、この章の中にひとつの秘密が隠されていることに気づかざるをえません。背後に隠されているその秘密は、ヨハネ福音書の著者が本当は誰なのか、ヨハネ福音書の語るすべてを一体誰が語ったのかを伝えようとしているのです。このことを理解するためには、古代の秘儀における「参入」過程に眼を向けなければなりません。古代の秘儀への参入は、どのようにして行われたのでしょうか。

古代の秘儀参入

秘儀に参入した人は、みずから霊界を体験することができました。ですから霊界の証人になることができたのです。秘儀を伝授するにふさわしいとみなされた人は、秘儀に参入することが許されました。ギリシア、カルデア、エジプト、インド、その他到るところに、そのような秘儀が存在していました。そこでは、参入者はあらかじめ、私たちが現在学んでいる神智学の内容を、長い時間をかけて学習しました。そして十分に学んだときに、自分を見る道が開かれたのです。しかし古代においてそのことが成就されるためには、肉体、エーテル体、アストラル体、自我のすべてが、特別の状態に移されねばなりませんでした。秘儀に参入する人は、事情に通じた導師によって、三日半の間、仮死状態に移されました。次のような理由から、そうされたのです。

現在の進化期においては、人が通常の意味で眠りますと、その肉体とエーテル体はベッドに横たわり、自我はアストラル体と共に外へ出ていきます。そのときは、周囲に霊的な事象を知覚できません。なぜなら、そのアストラル体は、まだ霊的な知覚器官を持っておらず、周囲の世界を知覚できないからです。アストラル体と自我がふたたび肉体とエーテル体の中へ入り込み、ふたたび眼や耳を使うことができるようになったとき初めて、物質界が環境世界として知覚できるのです。参入する人は学習によって、アストラル体の霊的な知覚器官を働かせることができるようになっていました。

さて、アストラル体の知覚器官が育成されたとき、アストラル体は変容したみずからをエーテル体に、ちょうど印鑑の文字が封臘に刻印されるように、刻印しなければなりません。このことが大切なのです。秘儀伝授の準備はすべて、アストラル体をつくり変えるために必要な内的経過に没頭させることにあります。人間は、かつて、今日のような眼や耳を持たず、――光に身をさらしたことのない動物たちが眼を持っていないように――外的感覚器官が形成されていない時期を通りました。光が眼を、音が耳をつくり出したのですが、瞑想と集中の行によって、内的に体験する事柄が、眼に対する光のように、耳に対する音のように、身体に作用するのです。瞑想と集中によってアストラル体がつくり変えられ、高次のアストラル界を見ることのできる認識の諸器官を育成するのです。しかしその諸器官は、まだエーテル体には十分刻印づけられていません。あらかじめアストラル体の中に形成されたものが、さらにエーテル体にみずからを刻印づけたとき初めて、その諸器官は確かな認識の働きをするようになるのです。しかしエーテル体が肉体の中に取り込まれている限り、修行によって獲得されたものをエーテル体に刻印づけることができません。そうするためには、あらかじめエーテル体が肉体から抜け出ていなければなりません。ですから三日半の仮死的な眠りの中で、エーテル体が肉体から抜け出たとき、アストラル体の中で準備されてきたすべてをそのエーテル体に刻印づけるのです。そのようにして、古代人は霊界を体験することができました。そして、祭司である導師によってふたたび肉体に呼び戻されたとき、みずからの体験によって、霊界の証人になったのです。

この経過は、イエス・キリストの出現によって、不必要になりました。三日半の仮死状態での眠りは、今、キリストに発する力に取って代わられます。事実、すぐに述べますように、現代人のエーテル体がいくら肉体の中に取り込まれているとしても、アストラル体が準備してきたものをそのエーテル体に刻印づけることができるくらいの強力な力が、ヨハネ福音書の中に存在しているのです。しかし、そのためには、イエス・キリストの存在を前提にすることができなければなりません。上述した経過を辿ることなしに、キリストへの瞑想行と集中行だけによって、アストラル体の中に育成されたものをエーテル体に刻印づけることができなければなりません。

一方、以前の経過は、秘儀の中で演じられました。すなわち参入者は司祭である導師によって仮死的な眠りの中にもたらされ、続いて高次の諸世界に導かれたのです。そしてふたたび導師によって肉体の中に呼び戻され、かくして参入者はみずからの体験を通して、霊界の証人となったのです。

ラザロ＝ヨハネの復活

この経過は常に、最も大切な秘密とされてきました。世間は、秘儀の諸経過について何も知らされませんでした。イエス・キリストによって、古代の秘儀参入の代わりに、新しい参入の仕方が、あとで述べるような力によってもたらされました。秘儀参入の古い形式には終止符が打たれ、古い時代から新しい時代への移行が達成されました。しかしこの移行が果たされるためには、誰かをもう一度古い仕方で、しかしキリスト的な秘教の中で、霊界に参入させねばなりませんでした。このことを、イエス・キリスト自身だけが可能となしえたのです。そして参入すべき人は、ラザロと呼ばれる人物でした。「この病気は死で終わるものではない」（一一章四）と記されています。それは三日半の仮死の眠りだったのです。そのことは、はっきりと示唆されています。読んでみれば明らかなように、ヴェールに覆われた表現になっていますが、そのような表現の謎を解くことのできる者にとって、それは秘儀参入の表現なのです。

ラザロは、このようにして霊界に参入し、霊界についての証人となることができました。「主はラザロを愛しておられた」という言葉がありますが、これは秘儀における重要な表現なのです。秘儀において「愛する」とは、師と弟子との特別の関係を示しています。「主に愛された」のは、もっとも信頼され、もっとも深く秘儀に導かれた弟子なのです。主みずからがラザロを秘儀に導き、今ラザロは墓場から、つまり秘儀の場から秘儀参入者となって甦りました。そして「主が愛しておられた」という言葉は、もっと後でも、ヨハネについて、言い換えればヨハネ福音書の作者について用いられています。「ヨハネ」という名を直接述べてはおらず、ただ愛された使徒がヨハネ福音書の作者であるとだけ言われているのですが、この作者である人物こそが、甦ったラザロに他ならないのです。ヨハネ福音書の作者は、私は主みずからが与えて下さった秘儀の力で語るのだ、と示唆しているのです。

ですからヨハネ福音書の作者は、ラザロの復活以前と、それ以後とをはっきり分けています。ラザロの復活以前では、霊の認識に達した古い秘儀参入者の言葉が取り上げられ、その証言が正しい、と強調されています。

けれども、もっとも深刻な事実であるパレスチナの神秘的事実については、復活した彼自身が語るのです。

このようにして、ヨハネ福音書の前半においては、古いヨハネの証言が、後半においては主みずから導師をつとめた新しいヨハネの証言が記されています。そして後者のヨハネこそが甦ったラザロなのです。こう考えたとき初めて、第一一章の本当の意味が理解できます。そこに述べられているのは、次のことなのです。——私は自分が超感覚的な眼で見たものを語る。物質界で見たものを語るのではない。主が私を秘儀に導いて下さったおかげで、見えるようになった霊界での事柄を、あなたがたに語る。

ですから、ヨハネ福音書の初めから第一〇章の終わりまでのイエス・キリストの記述は、イエス・キリスト自身が導いたのではない秘儀参入者の認識によるものなのです。

こう言いますと、皆さんはこうおっしゃるでしょう。——しかし、これまでの講義の中でも、イエス・キリストについての深い言葉、受肉したロゴス、世の光等について聞いたのではないのか、と。

イエス・キリストについてのこれらの深い言葉が、すでにはじめの数章の中で語られているのは、決して不思議なことではありません。なぜなら、古い秘儀においても、未来において世に現れるべきキリストは、決して未知の存在ではなかったからです。あらゆる秘儀が、来たるべき一者について語っていたのです。古い秘儀参入者たちが「預言者」と呼ばれたのは、彼らが「来たるべきもの」について預言していたからです。そもそも秘儀参入は、人類の未来にキリストがみずからを現すであろうことを、はっきりと認識させるという目的を持っていたのです。ですから、洗礼者ヨハネは、その当時すでに知りえた事柄からだけでも、秘儀において語られてきた「あの方」が、イエス・キリストなのだという真実を知りえたのです。

全体がどう関連しているのか、洗礼者ヨハネとキリストとの関係はどうなのか、それについては、二つの問いに答えることで、明らかにできるでしょう。

第一の問いは、洗礼者自身、どのように時代と関わっていたのか、第二の問いは、ヨハネ福音書冒頭のさまざまな事柄をどう理解するかです。

洗礼者とは何か

一体、洗礼者は時代とどう関わっていたのでしょうか。洗礼者とはそもそも何者なのでしょうか。彼は秘儀に参入したひとりとして、「来たるべきキリスト」についての教えを受けていました。キリストは唯一かけがえのない存在なのです。彼がイエス・キリストに出会ったとき、この人こそがキリストに他ならない、と悟ったのです。一方、「パリサイ人」その他の名で呼ばれた人びとは、イエス・キリストを見て、この者は古い秘儀の原則に反した行為をしている、到底認めることのできない行為を眼の前でやっている、と思ったのです。彼らは保守的でしたから、古い秘儀の原則に忠実であろうとしたのです。

来たるべきキリストについていつも語っていたのに、そのキリストが現実に現れることを決して認めようとしない、という矛盾こそが、まさに保守主義者たるゆえんなのです。ですから、イエス・キリストがラザロを秘儀に導いたとき、それを古い秘儀伝統を破る行為だと思ったのです。「この男は多くのしるしを行っている」（一一章四七）、この者と共に生きることはできない、と彼らは思ったのです。

彼らの考え方によれば、イエス・キリストは秘儀を裏切った者でした。深い秘密にしておかなければいけないことを、彼は公然と行ったのです。だからこそ、彼らはイエス・キリストに敵対せざるをえなかったのです。イエス・キリストの迫害は、この時から始まりました。ヨハネ福音書の初めの数章の中のヨハネは、どのように描かれているでしょうか。

第一に彼は、来たるべきキリストについての秘儀の教えをよく知っていました。ですから、彼がすでに知っていた事柄を、ヨハネ福音書の作者はただ繰り返せばよかったのです。

ヨハネ福音書の冒頭の言葉が何を意味しているのか、すでに申し上げました。そこで今、洗礼者自身について語られていることにも眼を向けてみましょう。そのためにはテキストを可能な限り正確に翻訳してみなければなりません。これまでは冒頭の数節だけを取り上げてきました。

太初に言葉があった。そして言葉は神のもとにあった。そして言葉は神であった。
この言葉は、太初に神のもとにあった。
すべては言葉によって生じた。生成したもので、言葉によらずに生じたものは何一つなかった。
言葉の中に生命があった。生命は人びとの光になった。

そして光は闇の中に輝いた。しかし闇はそのことを理解しなかった。

神から送られた人間がいた。名をヨハネといった。

この人は光について証言するために来た。彼によってすべての人が信じるようになるためである。

彼は光ではなかったが、光の証人であった。

なぜならすべての人を照らす真の光が、この世に来るべきだったのだから。

それは世界の中にあった。そして世界はそれによって生じた。しかし世界はそれを認識しなかった。

それは個々の人間の中にまで来た（それは人間自我にまで来た）。しかし個々の人（人間の自我）はそれを受け入れなかった。

しかしそれを受け入れた人は、それを通して、みずからを神の子として表すことができた。

彼の名前を信じた人は、血からでも、肉の意志からでも、人間の意志からでもなく、神から生じたのである。

そして言葉は肉になって、私たちのもとに住まわれた。私たちはその教えを聞いた。父のひとり生まれの子についての教えであって、帰依と真理に満ちていた。

ヨハネはこの方について証言し、はっきりと語った。「私の前にいた方が、私の後から来られるであろう、と私が述べたのは、この方のことである。この方は私の前におられたからである」。

なぜならその充実した存在から、私たちすべては、恩寵につぐ恩寵を得てきたのだから。

なぜなら律法はモーゼによって与えられたが、恩寵と真理はイエス・キリストを通して生じたのだから。
誰もこれまで神を眼で見たものはいない。宇宙の父の内部におられたひとり子こそが、神を見る導き手となったのである。（一章一－一八）

以上はヨハネ福音書の冒頭の部分の意味をほぼ再現したものです。これらの言葉に解釈を加える前に、もうひとつつけ加えておかなければならないことがあります。一体、洗礼者ヨハネ自身は、それをどのように解釈していたのでしょうか。

洗礼者ヨハネとはどんな人だったのかを調べるために、誰が派遣されてきたのかを思い出して下さい。祭司たちやレビ人たちがそのために派遣され、「あなたはどなたですか」とたずねたのです。なぜ先ほどの答が与えられるのかを述べる前に、彼自身の語った言葉を見ておかなければなりません。

「私は孤独の中で叫ぶものの声である」。（一章二三）

そう彼は語りました。全く文字通り、「孤独の中で」（エン・テー・エレモー）と記されています。ギリシア語で「隠者《エレミート》」は「孤独な人」を意味します。ですから「私は荒れ野で説教するものの声である」よりも、「私は孤独の中で叫ぶものの声である」という方が正確なのです。ヨハネ福音書の冒頭で述べられているすべては、ヨハネのこの自己表明をふまえたとき、よりよく理解することができます。では、どうして「孤独の中で叫ぶものの声」だ、と彼は自分のことを語ったのでしょうか。

集合自我

人類進化の過程を考察したとき述べたことですが、地球本来の使命は、愛の育成にあります。しかしその使命は、愛が自己意識的な人間の自由な意志による能力とならなければ、成就されません。ですから人間は、自分の自我を少しずつ手に入れていき、それによってゆっくりと自我が人間本性の中に沈んでいけるようにするのです。動物は、まだ個別的な自我を持っていません。ライオンが「私」と言えたとしても、その「私」は個々の動物のことではなく、アストラル界における集合自我を意味しているでしょう。その自我に対してなら、すべてのライオンが「私」と言えるでしょう。その意味では、同じ形姿をした動物はすべて、アストラル界の中で超感覚的に知覚できる集合自我に対して、「私」と言えるのです。人間が動物よりも優れているとすれば、それは各人が個的な自我を持っているからです。しかし個的な自我は、長い時の経過の中で進化してきました。人間もまた、かつては人類全体がそれに属している集合自我に属していたのです。

古代の諸民族、諸人種の場合、人間は小さな集合体の中で生活していました。ゲルマン民族の場合には、時代をそれほど遠くまで遡る必要はありません。タキトゥスを読めば、個々のゲルマン人が自分の個性よりも、部族全体の方を重んじていたことが、手に取るように分かります。人びとは、一個の人格的存在というよりは、ケルスキ部族やシガンブル部族の一員なのだ、と自覚していました。ですから部族全体の運命のために戦ったのです。部族のひとりが侮辱を加えられたとき、その部族のうちの誰が復讐しても、同じ行為を意味していました。しかし時代が移り変わり、やがて個人が部族共同体から抜け出るようになると、部族の統一が破られ、もはや固いきずなを保つことができなくなりました。人間は集合魂的なところから、次第に自我を個人の中に感じるところにまで進化を遂げました。

この集合魂もしくは集合自我の秘密を知るときにのみ、宗教文献や歴史記念物を理解することができます。自分たちの共同自我がすでに知覚できるようになった諸民族の場合、同じ地域で同じ時代を共に生きる集団を超えて、さらに遠い過去にまで遡る祖先たちにも、同じ自我が働いていました。今日の人間の記憶は、せいぜい子どもの頃を思い出すことしかできません。けれども自分の行為を思い出すだけでなく、父や祖父の行為をも自分のことのように思い出すことのできる、別の記憶の存在する時代があったのです。記憶ははるかな祖先たちの血族共同体にまで拡がり、始祖の血が流れ続ける何世代もの間にまで及んだのです。記憶は血と共に何世紀にも亙って維持され、そして部族の子孫は、祖先の行いや考えの中にも、自分のことのように、「私」の働きを見出しました。

人びとは誕生と死との間を生きている自分を感じたのではなく、その中心に先祖が存在している系統の一員であると感じていたのです。なぜなら、父、祖父等々の行為を思い出すことで、自我が保たれていたのですから。このことは名前のつけ方にもはっきりと示されました。息子は自分の行為だけでなく、親や祖先の行為をも思い出し、その記憶は世代を超えて拡がっていましたから、その記憶の及んでいるすべてが、たとえば「ノア」とか「アダム」とかという名前で呼ばれました。これらは個人の名前なのではなく、数世紀にも亙って記憶を保持する「自我」の名前だったのです。この秘密は、族長の名前の背後にもひそんでいます。なぜ族長たちは、特別長生きだったのでしょうか。古代においては誕生と死の間を生きる個人に固有の名を名乗らせようとは思わなかったからです。古代の名前にとっては、空間的時間的な限界などまったく顧慮されなかったのです。ですからアダムという名が、数世紀にも亙って、記憶の中に生き続けたのです。

個的自我

次第に、ゆっくりと、人間の個別自我が集合魂、集合自我から分かれるようになりました。個人は自分だけの自我を意識するようになりました。以前の人間は、部族共同体の中にみずからの自我を感じていました。空間的、時間的に血のつながりのある集合体の中にです。ですから、「私と父アブラハムとはひとつだ」というのは、自我がひとつであるという意味なのです。共通の血が民族の成員すべての血管を通して流れているが故に、個人はその全体の中に包まれている、と感じることができたのです。しかし進化は前に向かって進んでいき、時代は諸民族の内部の人びとが個的な自我を感じるようになるところにまで達しました。

個別な自我に確かな自分を感じとることができるような事柄を人びとに提供することが、キリストの使命でした。「女と子、父と母、兄弟と姉妹とを否定することができないものは、私の弟子にはなれない」（マルコ伝第一〇章二九）という誤解されやすい言葉も、この意味で理解されねばなりません。この言葉を通俗的な意味にとって、家族から逃げ出すように、という教えだと思ってはなりません。この言葉の意味するところは、「あなたがたの誰でも、個別自我なのだ。そしてこの個別自我は宇宙を貫いて流れる霊的な父と直接ひとつに結ばれている。このことを感じなければならない」ということなのです。かつて旧約の信者は、「私と父アブラハムとはひとつである」と語りました。なぜなら、血族の中に自我が生きている、と感じたからです。今は「父」という霊的な根拠との一体感を、自由に持つことができなければなりません。人間が或る全体に属している、ということを保証するのは、もはや血族なのではなく、「父」なる霊的原則とひとつであることをすべての人が知ることなのです。

ですから、ヨハネ福音書によれば、キリストとは、人間が個別的な自我の中で、みずからを永遠に感じることができるように、そのために必要な衝動を人間に与えようとする偉大な教師のことなのです。そしてこのことが、旧約から新約への転換の意味なのです。ひとりの自我と他の自我たちとが結びついており、みずからの自我も他の自我たちもよく実感できない代わりに、共通で担っている民族自我、部族自我を共に感じることができるような、集合魂的な性質を持っていたのが、旧約の時代だったのです。

さて、集合魂の中で他の人びとの人格との関連をもはや感じないくらいにまで成熟したときの自我は、自分のことをどう感じなければならなかったのでしょうか。もはや同じ集合魂に属する他の人びとの自我との共属性を人生の真実であるとは感じられなくなったときのことです。

そのときの自我は、自分を孤独であると感じなければなりませんでした。ですから、キリストより先に来た人物は、「私はむき出しになった自我であり、孤独を感じる自我である。そしてまさに自分を孤独だと感じたからこそ、私は自分を預言者なのだと思っている。孤独の中の自我だけが預言者に正しい霊の養分を与えることができるのだ」と語りました。

そう語った人は、みずからを「孤独の中で叫ぶもの」と呼びました。言い換えれば、それは、集合魂から疎外されて、孤独になった自我が、新しい養分を受けとれるところへ向かって歩んでいく姿を表していたのです。「私は孤独の中で叫ぶものの声である」とは、そういう意味なのです。ここには深い真理が隠されています。どんな個的な自我も、まったく他から切り離された自我の声なのです。その自我は、孤独な自我でも立つことのできる新しい地盤を求めています。そのことこそが、「私は孤独の中で叫ぶものの声である」という言葉の意味なのです。

歴史的解釈と象徴的解釈

ヨハネ福音書の言葉を正しく受けとめるためには、当時の名乗りをあげるときのやり方にも通じていなければなりません。当時の人が名前を告げるときには、今日のように抽象的に、意味もない名前を名乗ったりはしませんでした。聖書研究家がそのことを少しでも考えてみたなら、よく見られる陳腐な解釈など生じえなかったでしょう。すでに言いましたように、「わたしは世の光である」(八章一二）とキリストが名乗るとき、それは彼こそが「私である」ための衝動を与え、そのための表現を行った最初のものである、という意味なのです。ですから、初めの数章の中で「私である」と述べられているときは、いつでも「私である」を、特別に強調しなければなりません。古代におけるすべての名称は、その名称通りに、しかも深い象徴的な意味をもって用いられたのです。

この場合、二つの点でひどい間違いがしばしばなされています。皮相な見方をする人びとは言います。――「確かに象徴的な解釈がいろいろとなされている。しかし我われは象徴を問題にしようとは思わない。その立場は聖書の歴史的事件を実体のないものにしてしまうからである」。

一方、歴史的事件についてまったく理解しようとしない人びとは言うでしょう。――「すべては象徴的に理解されねばならない」。

しかしこのいずれの立場も、福音書のことが分かっていないのです。歴史的な現実は、象徴的解釈によっても、その現実性が否定されるわけではありません。秘教的解釈は、その両方を含んでいるのです。つまり、事柄を歴史的な事実として受けとり、同時にそこに象徴的な意味を見出すのです。

もちろん、なまの現実だけを見ようとして、たとえば或る時代に生まれた人物を外側からしか見ようとしなければ、特定の名前を持ったその人物のことを、伝記に記されている事柄以上に深く理解しようとはしないでしょう。しかし霊的な関連を知っていれば、特定な場所に生まれたその人物が、同時に彼の時代の象徴であり、人類の進化にとってその人物が持つすべての意味が、その名前の中に表現されていることを理解するようになるでしょう。

象徴的であると同時に歴史的であること、この二つを両立させることが、福音書解釈にとっては大切なのです。ヨハネ、またはヨハネ福音書の作者が超感覚的な知覚によって見た事柄は、同時に深い霊的真実の地上における現れでもあったのです。このことは、ほとんどすべての歴史上の出来事にあてはまります。ヨハネは、洗礼者ヨハネの歴史的な形姿を見ていましたが、同時にその歴史的な形姿は、すでに古代において、自我意識を目覚めさせたすべての人びとにとっての象徴でもありました。その人びとの場合、世の光が個別的な自我の中に輝いていたのです。世の光を闇の中で受けとることのまだできなかった人びとは、洗礼者の姿を象徴として受けとることができませんでした。イエス・キリストにおける生命、光、ロゴスは、それまでも世界の中で常に輝いていましたが、まだ成熟の過程にあった人びとは、それを認めることができなかったのです。光は常に存在していました。もし光が存在していなかったなら、個別的自我への素質がそもそも生み出されることはなかったでしょう。

人間における永遠なるもの

月紀においては、今日の人間のうち肉体とエーテル体とアストラル体だけが存在していました。そこには自我は働いていませんでした。光が変化して、地上を照らすようになったとき初めて、光は一人ひとりの自我に火を点じ、それをゆっくりと成熟させることができたのです。「光は闇の中に輝いた。しかし闇はそれをまだ理解できなかった」（一章五）のです。そして「それは個々の人間にまで」及びました。自我人間のところにまできたのです。光がロゴスを通して自我人間の中に流れ込むのでなかったなら、自我人間は生じえなかったでしょう。「しかし自我人間はそれを受けとらなかった」のです。ただ個々の人びと、秘儀に参入した人びとだけが、それを受けとりました。その人びとは、みずからを霊界にまで引き上げ、常に「神の子たち」と名乗っていました。なぜなら、ロゴスと光と生命を認識して、常にそれを証言することができたからです。

古代の秘儀を通して霊界を知っていたのは、個々の人びとだけでしたが、その人びとの中には、何が生きていたのでしょうか。「人間における永遠なるもの」が生きていたのです。永遠なる存在が、まったく意識的な仕方で、その人びとの中に生きていたのです。ですから、その人びとは偉大な言葉「わたしと父は一つである」(一〇章三〇)をすでに感じとっていました。つまり自我と偉大な宇宙根拠がひとつだと、感じていたのです。その人びとの意識のもっとも深い部分である自我は、父と母からではなく、霊界への参入を通して得られたのです。その人びとは、血からでも、肉からでも、父母の意志からでもなく、「神から」、つまり霊界からそれを得たのです。

以上の解釈で明らかなように、大多数の人びとは、自我人間への素質を持っていたにもかかわらず、光を受けとりませんでした。光は集合自我にまで降りてきたのに、個人はそれを受けとりませんでした。しかし、それを受けとった人びと、ごくわずかな人びとだけは、それによって神の子になることができました。しかし光を信じた人びとは、秘儀参入により、神の力で、そう信じるようになったのです。

このことから私たちは、はっきりと悟ることができます。――すべての人が、地上の感覚で、そこにいます神を認めることができるためには、肉眼でその姿を見ることができるように、神が地上に出現しなければならなかったのだ、と。神は肉体を持った姿で現れなければならなかったのです。そのような姿だけが、肉眼でも見ることができるからです。これまでは、秘儀参入者だけが、神を見ることができました。今は、神すべての人を救済するために、肉の姿をとって現れたのです。「言葉は肉となった」（一章一四）のです。このようにして、ヨハネ福音書の作者は、イエス・キリストの歴史的形姿を進化全体に結びつけました。「私たちはその教えを聞いた。父のひとり生まれの子の教えを」（一章一四）。その教えとはどのような教えなのでしょうか。イエス以外の人びとは、どのような「生まれ」なのでしょうか。

「ひとり生まれ」

福音書が書かれた古代においては、肉によって生まれた人びとは「ふたり生まれ」と呼ばれました。それはふたりによって生まれたという意味です。つまり父と母の血の混合による、という意味です。肉によらず、人間の働きにもよらず、父と母の血の混合にもよらずに生まれたというのが、「神から生まれた」という意味です。それが「ひとり生まれ」なのです。以前「神の子ら」といわれていた人びとは、すでに或る意味で「ひとり生まれ」でした。神の子の教えとは、「ひとり生まれ」の教えのことなのです。肉の人間は「ふたり生まれ」です。霊の人間は「ひとり生まれ」なのです。この言葉を「入ってきて生まれた」という意味にはとらないで下さい。「ひとり生まれ」とは、「ふたり生まれ」の反対語なのです。そしてこの言葉は、人間が肉体の誕生以外に、霊的な誕生をも持つことができる、と教えているのです。霊の誕生は霊との合一であり、ひとり生まれの誕生であり、神の子となるのです。そしてこの教えは、肉となった言葉である人によって、聞きとれるものになったのです。

そのような人によって、この教えは普及しました。それは「父のひとり生まれの子の教えであり、帰依と真理に満たされている」(一章一四)教えでした。ここでは「帰依」と訳さなければなりません。なぜなら、この言葉は神から生まれたことに関係していますが、神と共にいること、同時にすべての幻想を排することを意味しているからです。幻想はふたり生まれであることから生じて、人間を感覚の錯誤の中に閉じ込めるのです。一方、この教えは、肉体に受肉したロゴスとして、人びとの間におられたイエス・キリストの中に真理を見出すことのできる教えなのです。

洗礼者ヨハネは、みずからを先行者と呼びました。これは言葉通りの意味です。自我を告知するために、あらかじめ先にきた先駆者だというのです。ヨハネは、自我が個人の中で独立しなければならないことを知っていましたが、自分の使命を、このことを実現するために来るであろう人物についての証言を行うことの中に見ていたのです。彼は、はっきりと語りました。来るであろう方は、永遠なる「私である」ところの方である。この方は「アブラハムの存在する以前に、『私である』があった」と自分のことを本当に語ることができる方なのだと。ヨハネはまた、次のようにも語りました。今述べている「私」は、私以前に存在していた。私はその先駆者なのだが、同時にその「私」は私の先駆者でもある。あらかじめすべての人の中に存在していたものについて、私は証言しているのだ、「私の後に来るであろう方は、私より先におられた」（一章一五）と。

ここには重要な事柄が語られています。「なぜなら、その充実から、私たちすべては恩寵に次ぐ恩寵を得た」（一章一六）のです。キリスト者と名乗る多くの人が、この「充実」という言葉を無視しています。この言葉を正確に読みとろうとは思っていないのです。「充実」はギリシア語で「プレロマ」と言います。「なぜなら、プレロマから私たちすべては恩寵に次ぐ恩寵を得た」、とヨハネ福音書は述べているのです。すでに述べましたように、ヨハネ福音書のどんな言葉も、そもそもそれを理解しようとするのなら、黄金用の秤にかけなければいけないのです。プレロマとは一体何のことなのでしょうか。古代の秘儀においては、この言葉に特別の意味があったのです。古代秘儀においては、月紀に神にまで高まった霊的存在たち、すなわちエロヒームたちが、初めてみずからを開示したとき、そのひとりが他から別れた、という教えを授けていました。ひとりが月に留まり、そこから愛の力を照り返したのです。そしてその結果、人びとが残りの六柱のエロヒームの光を受けるに十分なほど成熟することができたのです。ですから単一の神として、愛の力を照り返すヤハヴェと、残りの六神の充実、「プレロマ」とが区別されました。キリストは太陽ロゴスの全体意識のことを意味していますから、そのキリストを指示するとき、人びとは「神々の充実」について語らねばなりませんでした。「なぜなら、プレロマから私たちすべては恩寵に次ぐ恩寵を得た」という言葉の背後には、この深い

プレロマ

真実が隠されているのです。

集合魂の愛を超えて

さて、ここで個人がみずからを集合魂と感じていた「集合魂の時代」に身を置いて、集団における社会秩序に眼を向けてみましょう。もちろん眼に見える存在としての人間は、一人ひとり別々に存在しています。その人びとは自分の中に集合自我の働きを感じていましたが、見たところは一人ひとり別々でした。人びとはまだ個別者であるとは感じていませんでしたので、内部に愛をまだ十分に生かすことができませんでした。血の結びつきがあったからこそ、相手を愛したのです。血の結びつきがすべての愛の基礎だったのです。血で結びついていたものたちだけが、互いに愛し合っていました。そして血の結びつきから、性愛でない限りでの愛もまた生じたのです。

この集合魂の愛から、今、人びとは自由にならなければなりません。そして愛を自我の自由な贈りものとして捧げなければなりません。地球紀の進化の終わりには、独立した自我が心の底から、帰依の衝動に突き動かされて、正しいこと、善きことを行おうとするようになるでしょう。自我の中にこの衝動が生きているからこそ、自我は正しいこと、善きことを行おうとするのです。愛が霊化されて、誰もが正しいことだけを行おうと欲するようになるとき、イエス・キリストがこの世にもたらそうとした事柄が成就されるのです。なぜなら、キリスト教の秘密のひとつは、次の教えにあるからです。

――「キリストを見よ。その姿からあふれる力で、みずからを満たせ。彼のようになろうとせよ。彼の後に従おうとせよ。そうすれば、もはや掟を必要とはしないで、心の底から自由となった自我が善きこと、正しいことを行うであろう」。キリストは自由の衝動の贈り主なのです。ですから、善きことが、掟の故にではなく、心の内に生きる愛の衝動となって、行われるようになるのです。

しかしこの衝動を十分に発展させるためには、地球紀の残り全体が必要なのです。それはイエス・キリストから始まりました。そしてキリストの形姿は、常に、それへ向けて人間を教育する力となるでしょう。独立した自我を持つまでに成熟していなかったときの人間は、集団の一分肢として存在していました。そして公の掟によって、社会的に規制されていました。今日でも人びとは、まだあらゆる点で、集合自我から脱け出せないでいます。今日の人間はなんと多くの点で、個的人間ではなく、集合的存在であり続けていることでしょう。秘儀の学堂において「故郷喪失者」と呼ばれる、自由なる存在になることは、今日ではまだ理想でしかないのです。

自由意志で世界のいとなみに関わる人は、個的な人です。その人は掟に従わされていません。キリスト原則の中には、「掟の克服」ということがあります。「なぜなら、掟はモーセによって与えられた。しかし恩寵はキリストによって与えられる」（一章一七）。キリスト教の意味での恩寵とは、内面から善を行う魂の能力のことです。恩寵と内面で認識された真理とは、キリストによって生じました。この考え方が全人類の進化にとって、どれほど深く働きかけているかがお分かりになるでしょう。

肉体を持った神

かつて秘儀に参入した人は、高次の霊的知覚器官を与えられました。それまでは、どんな人も、肉眼では神を見ませんでした。父の内にやすらうひとり生まれの神は、人びとが肉眼で地上の諸事物を見るのと同じ仕方で神を見ることを、私たちに可能にした最初の神でした。それまでの神は、眼には見えませんでした。神は超感覚的存在として、秘儀の場で、夢を通して、あるいは他の何らかの手段を通して、開示されたのです。今、神は歴史的、感覚的な事実となり、肉体を持った形姿となったのです。「神はこれまで誰からも見られなかった。宇宙の父の内部にあったひとり生まれの子が、この見る行為の導き手となった」(一章一八)。この言葉の中には、以上のことが語られているのです。ひとり生まれの子は、地上の感覚で神を見ることができるようにしてくれたのです。

ヨハネ福音書の言葉を、秘教的キリスト教の理解のために用いようとするのなら、この福音書がどれほどパレスチナの歴史に人びとの眼を向けさせているか、そしてどれほど典型的な、しっかりと輪郭づけられた言葉で語られているかを知らねばなりません。そして一つひとつの言葉を黄金用の秤にかけねばなりません。これから何日かに分けてお話しするように、秘教的キリスト教を理解するためのお話を、これからもしていくつもりですが、同時に、キリストが集合魂に従う人びとの導き手であるだけでなく、一人ひとりの人間の中に入っていって、まさに個的な自我にキリスト衝動を与えようとしていることをも、お話ししたいと思います。

愛の霊化

血の結びつきは、その後も存在し続けますが、しかし愛の霊性がそれにつけ加わるのです。自由な自我から自由な自我へ働きかけるこの愛に、キリストはみずからの衝動を与えるのです。秘儀においては、参入する人に毎日真実が明かされていくのですが、重要な真実は常に三日目に明かされるのです。ひとつの重要な真理は、進化の過程の中で血と結びついた肉身の愛が、ますます霊化されていく地点に今人類が立っている、ということです。このことを人びとは、今完全に理解すべきなのです。純粋な血の愛から霊的な愛への移行を、眼に見える形で表したのが、パレスチナにおける出来事の意味なのです。そのことを、イエス・キリストの次の言葉が意義深く語っています。――「私の時代が来るであろう。そこでは、もはや血の結びつきによらず、独立した一人ひとりによって、もっとも重要な諸行為がなされるのだ。その時代が、今来なければならない」。

最初の衝動を与えるキリスト自身が、或る重要な機会に、この理想がいつかは実現されるだろうが、しかしそのときはまだ来ていない、と語っています。イエスの母が人びとのために或る重要な行為をするようにと彼を促したときに、キリストは預言的にこの言葉を語っているのです。彼は母に次のように答えます。自分たちが今日やれることは、まだ血の結びつきに関わることだ。まだ「私とあなた」の関係に関わることである。「なぜなら私のときはまだ来ていないのだから」(二章四)。

個人がひとりで立たなければならない時代が来るということが、カナの饗宴の物語の中で語られているのです。「彼らにはぶどう酒がありません」（二章三）という要求に対して、イエスは次のように答えます。「これはまだ、私とあなたとに関係のあることです。私のときはまだ来ていません」。「私とあなた」という言葉と「私のときはまだ来ていません」という言葉に注意して下さい。この二つの言葉で、今言いました秘密が示唆されているのです。多くの他の場合と同じように、この言葉もまたかなり大雑把に訳されてきました。ここは、「女よ、私とあなたとどんな関係があるのか」ではなく、「これは私とあなたの血縁との間の関係です」という意味なのです。原典はこのように繊細であり、微妙なので、それを理解しようと欲する人にしか理解できないのです。このような宗教文献が今日、繰り返してさまざまな解釈を受けるとき、次のように問わざるをえません。――みずからをキリスト者と呼ぶ人びとが、間違った解釈のままに、「女よ、私とあなたとどういう関係があるのか」とキリストに語らせるとき、その人びとはそこから何を感じとっているのだろうか、と。

今日、キリスト教を名乗り、福音書を引き合いに出す多くの人に、次のように問わざるをえません。――あなた方は本当に福音を持っているのか。

大切なことは、まず福音を持つことです。ヨハネ福音書のような深い宗教文献の場合、大切なことは、一つひとつの言葉を、その正しい価値を知るために、黄金用の秤にかけることなのです。

第五講

キリスト以前の秘儀と自立への過程

（一九〇八年五月二三日）

ラザロ復活以前と以後

ヨハネ福音書を考察する場合、昨日述べたあの原則的な立場を決して無視してはなりません。つまりこの福音書の原作者がキリスト自身によって秘儀への参入を許された愛弟子だったということをです。それではオカルト的な知識から離れて、ヨハネ福音書の作者がいわゆる「ラザロの奇蹟」として知られる秘儀参入（つまり死からの復活）によって、キリストについての高次の認識を獲得したことを推測させるような、外的な証拠はないでしょうか。

ヨハネ福音書を丁寧に読むと、次のことに気がつきます。ラザロの復活を扱った章の以前には、どこにも「主が愛したもうた」（一三章二三）弟子についての記述が見られず、むしろこの福音書の作者は、次のように暗示しているようなのです。――「それより前に出ている事柄は、秘儀によって私が知った知識に由来するものではない。そこでは私のことを無視してもよい」。

一一章以後になってはじめて、「主が愛したもうた弟子」のことが出てきます。ですから、ヨハネ福音書は二つの重要な部分に分けられます。まだ主の愛したもうた弟子のことに言及されていない前半の部分。そこでの弟子は、まだ秘儀に参入していません。ラザロの復活以後、この弟子のことが初めて出てきます。

これまでの講義の中で述べたことは、この聖典のどこととも矛盾していないのです。もちろん福音書を表面的にしか考察できない人は、こういうことに注意を向けようとはしないでしょうが、すべてが大衆化され、さまざまな叡智が公開されている今日こそ、その叡智の名の下に、しばしば疑わしい事柄が主張されている、という現代の神話を知っていなければなりません。

「レクラム世界文庫」のような安価な書物によって、さまざまな知識が公開されていることを、時代の恩恵だと思わない人がいるでしょうか。ところがその近刊の中に、『聖書の成立』について書かれた書物があります。著者は神学博士です。つまり神学者なのです。その著者によれば、ヨハネ福音書の作者のことは、この福音書のすべての章に、第一章の三五節から、暗示されている、というのです。この小冊子を手にしたとき、私は本当に自分の眼を疑いました。なぜならそこには、これまでのすべてのオカルト的な観点に反して、主に愛された弟子がラザロの復活以前の箇所にも言及されている、というまったく奇妙な主張がなされていたからです。しかし神学者であれば、そんなことは知っていなければならないはずなのです。

とはいえ、性急に断定する前に、まずヨハネ福音書を開いて、第一章三五節を見てみましょう。そこには、「翌日、ふたたびヨハネとその二人の弟子が立っていた」と記されています。「ヨハネ」に言及されていますが、それは洗礼者ヨハネのことであり、彼とその二人の弟子のことです。

この神学者にもっとも有利な文献資料は、この二人の弟子のひとりがヨハネであるという伝承でしょう。この伝承はマタイ伝第四章二一に基づいています。しかしヨハネ福音書を他の三福音書によって説明することは許されません。ですから一人の神学者がまさに有害な書物を、レクラム文庫の一冊として出版することに成功したのです。レクラム文庫のような普及版がどれくらい一般大衆に対する影響力をもっているかを知っている人なら、そこからどのくらい有害な結果が生じるか予想できるでしょう。こういうことを申し上げたのは、ここで述べる事柄へのさまざまな非難に対して、一定の防壁をつくっておきたかったからです。

キリスト以前の秘儀参入の七段階

さて、ラザロの復活以前の記述も圧倒的な印象を与えるものばかりですが、しかし作者は、ラザロの復活以後の諸章において、もっとも深い内容を語っています。とはいえ、それ以前の諸章の中でも、この福音書の内容が秘儀に参入したものだけに理解できるような事柄を扱っている、と到る所で示唆しています。すでに最初の数章の中には、秘儀参入に関わる事柄が含まれている、と暗示している箇所があります。もちろん秘儀参入にはさまざまな段階があります。たとえば、東洋の或る秘儀（ミトラ教）においては、七段階が区別され、その各々が象徴的な名前で呼ばれていました。第一に「烏《からす》」の段階、第二には「隠者」の段階、第三は「戦士」の段階、第四は「獅子」の段階です。第五段階は民族に応じて、それぞれにふさわしい民族名が用いられています。たとえばペルシア人の場合、第五段階の秘儀参入者は「ペルシア人」と呼ばれます。これらの名称の意味するところは、以下の通りです。

第一段階の秘儀参入者は、オカルト的な生活と外的な生活を仲介するために、あちこちに派遣されます。この段階の人物は、まだ外的な生活に完全に身を捧げていなければなりません。そしてそこで探知した事柄を秘儀の場で報告しなければなりません。ですから、外から内へ何ごとかが伝えられねばならないとき、「鳥」がその伝達の役割を果たすのです。どうぞ預言者エリアの鳥やヴォータンの鳥のことを思い出して下さい。バルバロッサの伝説にも、鳥が出てきます。これらの鳥は、外へ出ていくときが来たかどうかを、知らせなければなりません。

第二段階の秘儀参入者は、すでにまったくオカルト的な生活を送っていました。第三段階の人は外へ向かってオカルト的な事柄を主張することが許されました。つまり「戦士」の段階は、戦う人を意味するのではなく、オカルト的な教義を擁護することが許された人のことなのです。「獅子」の人とは、オカルト的な生活を自分の中に実現する人のことです。オカルト的な内容を言葉で擁護することが許されているだけでなく、行為によっても、つまり魔術的な行為によっても、そうすることが許された人のことなのです。第六段階は「日の英雄」、第七段階は「父」の段階なのですが、ここでは第五段階が問題になります。

古代人は共同体の中で生きていました。みずからの自我を体験するときも、その自我を集合魂の一員であると感じました。しかし第五段階の秘儀参入者は、自分の人格を捨て、みずからの中に民族の本性を全面的に受け入れるという供犠を捧げた人なのです。他の人が自分の魂を民族魂の中で感じたように、この秘儀参入者は民族魂を自分の魂の中に受け入れたのです。自分の人格を問題にせず、個人を超えた民族霊のみを生かそうとしたのです。ですからこの秘儀参入者は、民族の名前で呼ばれました。

ナタナエルとの対話

さて、ヨハネ福音書によれば、イエス・キリストの最初の弟子たちの中に、ナタナエルもおりました。ナタナエルは、初めてキリストの前に連れてこられたとき、彼はキリストを霊視できるほどにまで、高次の段階の秘儀は伝授されていませんでした。もちろん、キリストは広大な叡智の霊ですから、第五段階の秘儀を受けたナタナエルでは、まだその本性を霊視することができなかったのです。しかしキリストは、ナタナエルの本性を霊視します。そしてそのことが二つの事実によって示されています。

まずキリスト自身がナタナエルのことを、「これこそは真のイスラエル人である」（一章四七）と呼んでいます。ここでも民族名で呼ばれているのです。ペルシア人の場合、第五段階の秘儀参入者を「ペルシア人」と呼んだように、イスラエル人の場合は「イスラエル人」と呼んだのです。ですから、キリストはナタナエルを「イスラエル人」と呼び、そして、「ピリポがあなたを呼ぶ前に、あなたがいちじくの樹の下にいたのを見ました」（一章四八）と彼に語ります。これは秘儀参入者に対する象徴的な表現なのです。ちょうど、菩提樹の下に座す仏陀の姿が、象徴的に理解されたようにです。いちじくの樹は、エジプト・カルデアの秘儀を象徴しています。キリストはこの言葉で、ナタナエルにこう言おうとしたのです。「私はあなたが秘儀に参入して、特定の事柄が霊視できるようになったことを知っています。なぜなら、いちじくの樹の下のあなたを見たのですから」。そうすると、やっとナタナエルはキリストを認めるのです。――「ナタナエルは答えて彼に言う。『師よ、あなたは神の子であり、イスラエルの王です』」。（一章四九）

王であるという言葉は、この場合、「あなたは私よりも偉大です。そうでなければ、『あなたがいちじくの樹の下に座っているのを私は見た』と言うことはできなかったでしょうから」という意味です。そうすると、キリストは次のように答えます。――「いちじくの樹の下であなたを見た、と私が言ったので、あなたは私を信じましたが、あなたはこんなことよりも、もっと大切なことを見ることになるでしょう」。（一章五〇）

「まことに、まことに」という言い方については、後で述べるつもりです。次いでキリストは次のように語ります。――「あなた方は、天使たちが人間の子の方に昇り降りするのを見るでしょう」。（一章五一）

キリスト衝動の受容

キリストを認めることのできた人は、これまでに見たことよりももっと大切な事柄を見るようになるだろう、というのです。一体、これはどのような意味で言われているのでしょうか。

それを明らかにするためには、人間とは本来どのような存在であるのか、を思い出さなければなりません。ご承知の通り、人間は昼と夜とで異なった在り方をしています。昼の人間は、肉体、エーテル体、アストラル体、自我を互いにしっかりと結び合わせています。そのときの人間の肉体とエーテル体とは、アストラル的な霊体と自我的な霊体とに浸透され、管理されています。とはいえ、人間が今日の進化段階を生き続けることができるためには、エーテル体と肉体の中に、別な存在が働いていなければならないのです。なぜなら、人間は夜ごとに、肉体エーテル体から、それを管理するアストラル体と自我を引き離し、そして夜通し肉体とエーテル体をそれら自身の運命にゆだねてしまうのですから。皆さんは誰でも、夜ごとに、自分の肉体とエーテル体を不実にも見捨てているのです。ですから神的、霊的な諸力がこの見捨てられた肉体とエーテル体の中に、夜ごとに流れ込むのです。夜の肉体とエーテル体は、いわば神的、霊的な本性の中にとり込まれているのです。

すでに述べたように、古代の「ヤハヴェの時代」には、アストラル体と自我が肉体とエーテル体の外にあり、ヤハヴェの霊感を受けていました。その肉体とエーテル体には、真の光、神性（エロヒーム）の横溢、すなわちプレロマが貫き通っていました。ただ人間は、そのことを知らずにいました。なぜなら、キリスト原則が出現する以前の人間は、そのために必要な衝動を、まだキリスト原則から受けとらずにいたからです。本来肉体の中で働くべき諸原則は、高次の霊界であるデヴァハン界に住しています。肉体に働きかける霊的本性たちは、高次の天上界の中に、高次のデヴァハン界に留まっています。そしてエーテル体に働きかける本性たちは、低次の天上界に留まっています。キリスト衝動を受け入れた人間だけが、これらの本性を認識できるようになります。「あなた方が人の子を本当に知るようになれば、霊の働きが天上界から人間の所に昇ったり降りたりするのを知るようになるであろう。このことはキリストが地上に与える衝動によって、あなた方に知らされるであろう」。

カナの饗宴

それに続く事柄は、すでに昨日取り上げました。つまりガリラヤにおけるカナの饗宴です。しばしばこれは「最初の奇蹟」と呼ばれておりますが、むしろイエス・キリストの行う「最初のしるし」(二章一‐一二)というべきでしょう。このしるしの中に存する圧倒的な内容を理解するには、これまでの四回の講義の中で述べてきた内容を互いに関連づけて考察しなければなりません。

ここで述べられているのは、或る結婚式のことです。なぜガリラヤで結婚式が行われたのでしょう。それを理解するには、キリストの本来の使命を、もう一度魂の前に呼び起こさなければなりません。キリストの使命は、自我のまったき力、その内的な独立性を人間の魂の中にもたらすことでした。一人ひとりの自我が独立して、完全な自己存在の中でみずからを感じながら、自由なる愛の力を通して、人間が人間と結ばれ合うのでなければなりません。ですから、愛がキリスト原則を通して、地上の使命に加わったのです。愛の使命は、ますます物質的なものを超えて、霊的なものに高まっていかなければなりません。愛は感覚と結びついた、もっとも低次の形態から始まりました。古代では、血の結びつきによって結ばれたもの同士が、互いに愛し合いました。血の結びつきという物質的な基盤に、おそろしくこだわっていたのです。そこにキリストが来ました。そしてこの愛を霊化しました。一方では、愛を血の結びつきから引き離し、他方では、愛に霊的な力と衝動とを与えました。旧約の信奉者たちは、集合魂への従属性を、全体自我の中の個別自我の本来の基礎であると考えていました。

血族共同体の外へ

すでに見てきたように、「私と父アブラハムとはひとつである」という言葉が、旧約の信奉者にとって、特別な意味を持っていたのです。このことは、父アブラハムの血脈の中に流れている血が、自分の中にまで流れ続けている、という意識が自分を守ってくれている、と感じていたことを意味します。旧約の信奉者は、自分が集合体の中で保護されている、と感じたのです。遺伝によって生じた同じ血の結びつきを維持してきた者だけが、仲間とみなされました。人類史の発端においては、狭い範囲内で、同じ血の結びつきを持った血族同士の間でのみ、結婚が可能でした。人類史の初めには、「近親婚」が固く守られました。血の狭い関係は次第にその関係を拡げていき、部族外での結婚もなされるようになりましたが、まだ他民族との結婚はなされませんでした。旧約の民は頑固に血の結びつきを保持し続けました。血によってユダヤ人であるものこそが、ユダヤ人だったのです。

イエス・キリストはこの原則に従わず、血の結びつきを打破しようとする人びとに向き合い、大切な事柄を示したのです。ですからユダヤの地においてではなく、その外側のガリラヤの地で、それを示しました。ガリラヤは、いろいろな民族や部族の人びとが集まっていた土地でした。「ガリラヤ人」とは、「混血児」を意味しました。そのガリラヤ人のところにイエス・キリストは行くのです。物質的な基盤に拘束されない愛は、混血によって生み出された人びとの中から生じるべきだったのです。

ですから、キリストがガリラヤでの結婚式の席で語った事柄は、人類の未来を暗示しているのです。

だからこそ、「ガリラヤにおける結婚式」なのです。いま、そこで示された事柄を理解するには、ふたたび眼を人類の進化全体に向けなければなりません。

「私である」への過程

オカルティストにとっては、単なる外的なもの、単なる物質的なものなど存在しません。物質的なるものはすべて、霊的、魂的なものの表現なのです。私たちの顔が霊的、魂的なものの表現であるように、太陽の光は霊的、魂的な光の表現なのです。単なる物質的な経過と思われているどんなものも、霊的経過の表現なのです。オカルティズムは物質的なものを否定するのではなく、ただどんなに粗雑な物質といえども、霊的、魂的なものの表現だと主張するのです。宇宙における霊的な進化の経過には、常に物質的な諸事象がそれに対応しているからです。

かつて人びとは、まだヨーロッパとアメリカの間に大陸として存在していたアトランティスにおり、そこから「後アトランティス期」へ生き続けました。そしてさまざまな世代を通して、最後には私たちの時代にまで到りました。アトランティス期から後アトランティス期へのこの進化は、集合魂の中に浸りきっていたアトランティス人類から、人格の個別自我がゆっくりと成熟していく後アトランティス人類への進化の過程としてとらえることができます。キリストがその圧倒的な霊的衝動を通して人びとにもたらしてくれたものは、他の諸衝動によって、あらかじめゆっくりと準備されなければなりませんでした。ヤハヴェが為したのは、アストラル体の中に集合自我を組み込んで、アストラル体が完全に独立した「私である」ことを受け入れるように、ゆっくりとアストラル体を成熟させることでした。けれども、肉体がそれを宿すのに適した道具とならなければ、この「私である」ことが人びとによって理解されるようにはなりません。アストラル体がたとえどれほど自我を受け入れたとしても、肉体がそれを受け入れるにふさわしい道具でなければ、自分が「私である」と意識することができません。ですから、まだ「私である」ことを受け入れたことにはなりません。この地上で個人として働くためには、肉体がふさわしい道具にならなければなりません。アストラル体が成熟を遂げたとき、肉体もまた「私である」ための道具になる準備をしなければなりません。

「私である」と意識できる自己意識的な人間の担い手にまで肉体が進化していく経過を、私たちは歴史の中でたどることができます。聖書の中にもこのことが示されています。古アトランティス期の最初の祖先であるノアが「最初の酒飲み」であったということ、初めてアルコールの作用を体験したということが、それを暗示しているのです。ここで私たちは多くの人にショックを与えるような事柄に言及しなければなりません。

ディオニュソス崇拝とアルコールの役割

後アトランティス期には、ディオニュソス崇拝が新しい祭祀として現れました。ご承知のように、ディオニュソスの祭りは、ぶどう酒と結びついています。この特別な飲み物は、後アトランティス期になって初めて人類に供され、そして人類に働きかけます。もちろんどんな素材も何らかの仕方で人間に働きかけていますが、アルコールは特別の仕方で人体に作用するのです。

それは人類進化の過程で、ひとつの大きな使命を持っていました。人体に働きかけて、人格的な「私である」が現れ出るように、神との関係を断ち切らせるのです。人間が以前その中に包まれていた霊界との関係から人間を断ち切らせる働きを、アルコールは持っているのです。この作用は、今日でも有効に働いています。アルコールは無駄に人類の中に存在しているのではありません。未来の人間は、きっと次のように言うことでしょう。アルコールが人間を物質の中に組み入れる役割を果たしたので、人間は利己的になった。アルコールは人間が自分のために自我を求め、もはや自我を民族全体に奉仕させなくさせたのだ、と。集合魂が人類のために果たしたのと正反対の役割を、アルコールが人類のために果たしたのです。

アルコールは高次の世界で全体とひとつに感じる能力を人間から奪いました。それゆえディオニュソスの祭りは、酩酊という仕方で共同生活を育成するのです。全体を見通すことなしに、全体の中に没頭するのです。後アトランティス期の進化がディオニュソス礼拝と結びついているのは、この祭祀がアルコールの使命と機能との象徴だったからです。

今人類はふたたび、道を逆に辿ろうとしています。自我を発達させてきた人間は、神的、霊的な力との結びつきをふたたび見出そうとしています。現代になって、初めは無意識から、アルコールに対する反対運動が現れています。この運動が生じるのは、多くの人びとがすでに、かつては特別の意味を持っていたものも永久にその正しさを保証されない、ということを感じているからに他なりません。

特定の時代におけるアルコールの役割として今述べたことは、アルコールの味方をしたいために述べたわけではありません。アルコールにはアルコールの使命があること、さまざまな時代にはさまざまな役割が定められていること、そのことをはっきりさせたかったからにすぎません。人類がアルコールによって自分中心になりえたのと同じ時代に、霊界とふたたび結びつこうとする衝動を人間に与える強大な力が現れました。一方で人間は、自立するために深いところに下降していかなければなりませんでしたが、他方では、ふたたび霊界への道を取り戻そうとする衝動が生じなければなりませんでした。

キリストはこのことを、彼の使命の最初のしるしの中で暗示したのです。まず第一に、自我が自立すべきであり、それゆえにこそ自分は血のつながりから切り離された人びとのところに行ったのだ、と暗示したのです。彼はお酒の影響を受けている結婚式に出かけました。結婚式ではワインを飲んだのです。イエス・キリストは、どのように彼が時代にふさわしく使命を果たすのかを示します。水をワインに変化させることがこの場合どんな意味を持っているのかについて、しばしば実に奇妙な説明がなされてきました。旧約の風味のない水が新約のこくのあるワインにとって代わられたのだ、と説教する人もいます。このような解釈をするのは、きっとワインの愛好者なのでしょう。

水の洗礼と精霊による洗礼

しかしこの象徴は、それほど単純なものではありません。大切なのは、キリストの言葉を、次のような意味に受けとることです。――私の使命は、はるか遠い未来に向かっている。その使命は自立した人間を神性と結びつけ、自立した自我が自由に、神性への愛を持てるようにすることである。この愛は、人間をして自由に神性と結びつかしめるのです。

かつては、集合魂の内的な強制力が、人間を神性に従属させていました。人間は、集合魂との結びつきの中で、神性との関連を感じていました。それから人間は下降しました。物質の中に巻き込まれ、堕落し、神から切り離されたように思えました。「人間が今もっているこの物質はどこから来たのか。そして人間はどこから堕ちてきたのか」。そう人は問いました。

私たちが地球の進化を過去に遡っていけばいくほど、固い素材は熱い状態の下で流動化し、液体化していきます。しかし地球がまだ液体状の惑星であった当時、すでに人間は存在していました。しかし当時の人間は、後世のように、神性から切り離されてはいませんでした。地球が固まっていくに従って、人間もまた物質化されて、不浄な存在になりました。地球が液体だった頃の人間は「水」の中に含まれて、まだ神性にまったく結びついていました。この太古の神的結合を思い出そうとする人は、水の洗礼を受けました。水の洗礼はそのための象徴だったのです。――あなた方は神性との太古の結びつきを思い出さなければならない。あなた方は現在不浄な存在になり、堕ちた存在になっている。

そういう言い方で、洗礼者ヨハネは人間を神性により近づけようとしました。古代における洗礼には、このような意味がありました。極端な言い方をしましたが、何が問題なのかを意識するのには、必要な言い方なのです。

イエス・キリストの授ける洗礼は、人間を過去へ向けるのではなく、人間の内部の霊性を高めることによって、未来へ向けるのです。曇りのない「聖なる霊」を通して、人間の霊性を神性と関連づけるのです。水の洗礼は記憶の洗礼でした。しかし「聖霊」による洗礼は、未来を指し示す預言の洗礼です。水の洗礼はまったく失われてしまったあの関連を思い出させるのですが、その関連が失われたことを、供犠としてのワインが象徴しています。ディオニュソスはバラバラに引き裂かれた神として、一人ひとりの魂の中に入っていきました。ディオニュソスの象徴であるアルコールが人類にもたらされた結果、人間は多くの部分に引き裂かれ、物質の中にそれぞれ投げ込まれました。しかしカナの結婚式においては、偉大な原則が生きています。それは教育的な進化の原則です。たしかに絶対的な真理は存在します。しかしその真理を直ちに人類に提供することはできません。どの時代も特別の在りようを表しており、特別の真理を持っています。

輪廻転生の教え

なぜ今日、私たちは輪廻転生を語るのでしょうか。なぜこのような集まりを持ち、そして霊学を学ぶのでしょうか。なぜなら、ここにいるすべての人の魂が、それぞれの仕方で多くの受肉を繰り返してきたからです。ここにいらっしゃる人の中には、はじめてゲルマン人に生まれた魂も見られます。このドイツの土地は、かつてドルイド教の祭司たちが働き、霊的な真理を、神話や伝説の形で語り伝えました。当時の魂がそのような形で真理を受けとったからこそ、同じ魂が今日、神智学を受けとるのです。当時は神話のイメージの中で、今日は神智学の形式で真理を受けとるのです。当時は真理を、今日のような仕方では伝えることができませんでした。古代ドルイド教の祭司が、真理を今日のような形式で語ることができた、などと思ってはなりません。神智学という形式は、今日の人間、もしくはそれに直接続く未来の人間のものです。もっと後の時代になれば、さらに異なる形式で真理が語られるでしょう。そして今日の神智学は、思い出として語られるでしょう。ちょうど今日の人が、伝説や昔話をそのように語るようにです。ですから神智学徒は、古代人は子どもっぽい愚かな見方しかできなかった、今日のわれわれはすばらしい発展を遂げた、などと思ってはなりません。

たとえば一元論者は、そのように考えています。しかし私たちは次の時代を準備するために、神智学を学んでいるのです。なぜなら、私たちの時代が存在しなければ、次の時代も存在しないでしょうから。とはいえ、未来のためと称して、現在をごまかしてはなりません。輪廻転生の教えも、神智学の名の下にかなりひどい仕方で説かれています。私の出会った人の中には、現世では真面目な人間として生きようとは思わない、来世でそうすればよい、と語る人がいました。けれども、現在始めるのでなければ、来世にその結果を生じさせることはできないでしょう。絶対的な形式をとった真理など存在しないのです。人類進化の各時代に応じて、そのつど真理が認識されます。最高の衝動といえども、生活習慣の中にまで降りていかなければなりません。そして最高の真理も、その時代に理解できるような仕方で、語り示さなければなりません。ですから、キリストは、人類がどのようにしてみずからを神性にまで高めるべきかを、ディオニュソスの供犠によって、ワインの供犠によって示さなければなりませんでした。キリストがなぜ水をワインに変えたのかを、狂信的に語ってはなりません。時代を顧慮しなければならないのです。一種のディオニュソス的な供犠を通して、キリストは来たるべき時代を用意したのです。キリストはガリラヤ人のところに行きます。ガリラヤ人はいろいろな民族の集まりであり、血の結びつきの下に暮らしていたのではありません。そのような場所で、彼はみずからの使命の最初のしるしを行うのです。水をワインに変えることをあえてしてまで、その人びとの生活習慣に順応するのです。

キリストはそれによって、次のことを示そうとします。――自分はワインを飲むことが象徴的に示しているような、物質性の段階にまで下降している人びとをも霊的関連に導こうと思う。

キリストは、水の洗礼によってみずからを高めることのできる人びとのためだけに働こうとはしません。六つの浄めの甕が置いてある（二章六）ことに注意することは、非常に大切です。六という数については、後で触れます。「浄め」は洗礼によって行われます。福音書の時代に洗礼という言葉が使われるとき、洗礼とは浄めのことだったのです。当時は「洗礼」という名詞ではなく、「洗礼する」という動詞が用いられました。そして洗礼によって生じた事柄を「浄め」と呼びました。ヨハネ福音書においては、「バプティセイン」（洗礼する）という言葉が動詞以外に用いられたことはありません。しかしそれを名詞として用いるときには、常に浄めを意味しています。それによって、人間がかつて神性と結びついていたことを、思い出すためなのです。このようにして浄めの供犠のための象徴である甕の中にさえも、イエス・キリストはしるしを行うのです。そのしるしによって、彼は時代にふさわしいみずからの使命を示唆しているのです。

時代への働きかけ

このように見ていくと、ガリラヤにおけるカナの結婚式の中に、キリストのもっとも深い使命が表現されていることに気がつきます。彼は次のように語っています。――私の時代は未来において現れるであろう。今はまだ現れていない。私がここで表す事柄は、私の使命によっていつか克服されねばならない事柄とも関連している。

彼は現在の中に立ち、そして同時に未来を指示し、そうすることで自分は絶対的な意味においてではなく、文化的、教育的な意味で時代に働きかけている、ということを明らかにするのです。ですから、母親が彼に「彼らはワインがありません」と訴えます。そうすると、彼は答えます。――私が今成就しなければならないことは、まだ古い時代の「私とあなた」に関連している。なぜなら、私の本来の時代、ワインがふたたび水に戻される時代はまだ来ていないのだから。

結局は母の言ったことに従っているのですから、「女よ、私とあなたとどんなかかわりがあろうか」などとイエス・キリストが言うことに、いったいどんな意味があるというのでしょうか。そこに意味があるとしたら、血の結びつきによって人類が現在の状態にまで達したこと、そしてアルコールの飲用によって、血の結合から自立するようになった自我の時代が来たことを示唆するために、昔からの習慣に従って「しるし」がなされたこと、つまりワインによって象徴される古い時代をまだ顧慮しなければならないこと、しかし「彼のとき」である後の時代が未来において来るであろうこと、これらのことが理解されなければなりません。

ニコデモとの対話

章を追うごとに、二重の事柄が示されます。第一にそこで述べられていることが、オカルト的な真理を理解できる人びとに伝えられている、ということです。今日では霊学が公開されています。しかし当時は、或る程度まで実際に秘儀の伝授を受けたものだけしか、霊学的な真理は理解できませんでした。イエス・キリストの述べる深い真実を、誰が理解できたのでしょうか。それは身体の外で知覚できた人、肉体を離れて霊界を意識できた人だけです。イエス・キリストが人びとに語るとき、彼を理解できたのは秘儀に参入して、すでに霊視することのできた人だけだったのです。

イエス・キリストが自分を理解してくれる人に出会おうとするには、或る程度見霊能力のある人に向き合わざるをえません。魂の転生について語るときには、ニコデモとの対話がそうであるように、見霊能力のある人に語りました。「さて、ファリサイ派に属する、ニコデモという人がいた。ユダヤ人たちの議員であった。ある夜、イエスのもとに来て……」(三章一－二)

このような文章を読むときには、言葉を黄金用の秤に載せなければなりません。ニコデモがイエスのところに「ある夜」来たというのは、イエス・キリストの告げようとする事柄を、ニコデモが肉体の外で聴いたことを暗示しているのです。「夜」、つまり霊的な感覚を用いる時間に、彼はキリストのもとに来るのです。ナタナエルとイエス・キリストとが秘儀参入者として、いちじくの樹についての問答によって互いを理解し合ったように、この場合も、ひとつの認識能力が暗示されているのです。

サマリアの女との対話

第二に、血の結びつきを超えたキリストの使命が示されています。このことがはっきりと示されているのは、キリストが井戸のほとりでサマリアの女と出会う場面においてです。血族共同体から引き離されている人びとのために必要な自我の教えを、彼はこの女に与えます。

しかし、サマリアを通らねばならなかった。そこで、ヤコブがその子ヨセフに与えた土地の近くにある、シカルというサマリアの町に来られた。そこにはヤコブの井戸があった。イエスは旅に疲れて、そのまま井戸のそばに座っておられた。正午ごろのことである。
　サマリアの女が水をくみに来た。イエスは、「水を飲ませて下さい」と言われた。弟子たちは食べ物を買うために町に行っていた。すると、サマリアの女は、「ユダヤ人のあなたがサマリアの女のわたしに、どうして水を飲ませてほしいと頼むのですか」と言った。ユダヤ人はサマリア人とは交際しないからである。（四章四－九）

自我が集合魂から引き離され、根なしにされている民族のところへキリストが行くのは、特別の行為であることが、暗示されています。

それに続く王の役人についての物語からは、血縁による結婚だけでなく、血による身分制をもキリストが打ち破ることが明らかになります。キリストは自我の拠りどころを失っている人びとのところへ行きます。彼は王の役人の息子を癒すのですが、ユダヤ人の考え方からすれば、イエスにとって王の役人などは無縁な存在のはずなのです。どこにいても、キリストは、各人の中に見出せる独立した自我のために働いています。ですから次のように彼は語ります。——私が自我について語るときには、決して高次の意味での内なる自我についてではなく、各人の内部に見出せる「私である」について、語っている。私の自我は父とひとつである。しかし各人の中に存する自我も父とひとつである。

井戸のほとりで、キリストがサマリアの女に教えたのも、このことなのです。

自立の教え

ここで洗礼者ヨハネの言葉を思い出していただこうと思います。第三章の三一節から三四節までの言葉です。しかしもちろん、いい加減に読んではなりません。

「上から来られる方は、すべてのものの上におられる。地から出る者は地に属し、地に属する者として語る。天から来られる方は、すべてのものの上におられる。この方は、見たこと、聞いたことを証しされるが、だれもその証しを受け入れない。その証しを受け入れる者は、神が真実であることを確認したことになる。神がお遣わしになった方は、神の言葉を話される。神が〝霊〟を限りなくお与えになるからである」。

以上の言葉をこの翻訳通りの仕方で、本当に理解できる人がいるでしょうか。「神がお遣わしになった方は、神の言葉を話される。神が〝霊〟を限りなくお与えになるからである」。この文章の意味は何なのでしょうか。

数限りない語らいを通して、キリストは以下のことを言おうとしているのです。――私が自我について語るとき、人間の中の永遠の自我のことを語っているのだ。それは宇宙の霊的根拠とひとつのものである。この自我について語る私は、人間の魂の至奥のところに住むものについて語っている。私の言うことに耳を傾けている誰かが、永遠を何も感じない低次の自我のことしか問題にしようとしないなら、その人は私の証しを受けとらないし、私のことを理解してもいない。なぜなら私の中からその人にまで、何も流れてはいかないだろうから。その人は自立できないであろう。自立するためには、どんな人も、私の宣べる神をみずからの内部に、みずからの永遠なる根拠として、見出さねばならないのだ。

数節前のところに、次のような箇所があります。――「他方、ヨハネは、サリムの近くのアイノンで洗礼を授けていた。そこは水が豊かであったからである。人々は来て、洗礼を受けていた。ヨハネはまだ投獄されていなかったのである。ところがヨハネの弟子たちと、あるユダヤ人との間で、清め

のことで論争が起こった」。（三章二三―二五）

洗礼形式のことで論争が起こったのです。人がそういう問題を論じたときには、常に神的なものとの関連について、そして物質と人間との結合について語ったのです。そして古い神観念に従えば、人は集合魂を通して神と結びつきました。ところが、そこへ別の人たちがやって来て、ヨハネに語ったのです。――「イエスが洗礼を授けています」。

そうすると、ヨハネは、イエスを通して世に現れるものがまったく特別の事柄なのだ、と説明するのです。彼はそのことを明言するために、次のように言います。――「イエスは古い洗礼が象徴しているような関連を教えるのではなく、人間が自立して自我の自由な働きによって導かれることを教えるのだ。各人はみずからの中に〝私である〟という神を発見しなければならない。そうすることによってのみ、神的なものをみずからの中に見出せる状態に達する」。

これらの言葉を以上のように読むなら、「私である」「彼」みずからが、神から遣わされていることが分かるでしょう。神から遣わされた人びとは、こうした仕方で神の「火」を点じるために送られてきたのです。その人は、もはや血縁によってではなく、真なる意味において神を告知するのです。

そこで私たちは、この箇所を、本来の意味に翻訳してみようと思いますが、そのためには、古代人の教えがどんなものであったのかをはっきりさせておく必要があります。そうすれば、必要な素材が手に入れられるのです。その素材は多くの書物の中に見事な仕方で記されています。たとえば旧約聖書の雅歌を例にあげれば、そこにも巧みな語りの中で、神性が告知されています。ただそこでは、古い血の関連が神との関連である、と説かれています。そのことはすべて学ぶことができました。しかしこの古い神性との関連以外を学ぶことはできませんでした。しかしキリストを理解するには、どんな古い律法も、古い約束事も必要ではありません。キリストの教えは、みずからの中に霊的な自我を把握する度合いに応じて理解できるのです。神性のすべてを知ったのではなくても、イエス・キリストの語る言葉を理解することができます。いわば理解のための前提条件がそなわっているからです。すべての雅歌を知る必要はありません。見事に組み立てられた教義も必要ありません。この上もなく単純な言葉、舌たらずの表現で、神を証すことができたのです。どんな「尺度」も必要としないような、個々の言葉だけで十分だったのです。

舌たらずにしか語れない人でも、自我によって、自分が神から遣わされたのだと感じました。そしてキリストの語った言葉を理解できました。神との地上的な関連だけしか知らない人は、雅歌の韻律で語りますが、しかしその韻律のすべては、その人をまさに古い神々のところへ導くのです。しかし自分が霊界の中に根拠を持っている、と感じる人は、すべての地上的関連を超越して、霊界で見、そして聞いた事柄の証しをすることができるのです。

けれども、通常の仕方でしか証しを受け入れようとしない人びとは、そのような証しを受け入れません。その証しを受け入れる人びとは、自分が神に遣わされている、と感じている人びとです。その人びとは、他の者の語る事柄を、信じるだけでなく、理解し、その理解を通して、自分の言葉をも保証しているのです。「自我を感じとれる人は、舌たらずであっても、神の言葉を開示する」。この言葉はそのことを語っています。なぜなら、そのような人は、韻律によって自己を語る必要がないからです。この上もなく単純な、舌たらずな言い方によっても、その人はみずからを表現できるのです。

とはいえ、このような言い方は、「無智である権利」を認めさせる証明書であるかのように受けとられかねません。けれども、素朴な仕方で高次な秘密を語らねばならない、と言って、叡智を否定する人は、もちろん多くの場合は無意識に、安易さを好む傾向からそうするのです。「神は霊を限りなくお与えになる」というのは、「適度」（限り）が霊に対しては助けにならないことを意味しているにすぎません。しかし本当に霊が存在しているところでは、度を超えません。適度な人がすべて、霊的なのではありませんが、霊的な人は、度を知っています。すべての事柄において、逆も真ではないのです。度をもつことが霊のしるしではないとしても、度がない場合が、霊的であることのしるしであるともいえません。学問は叡智のしるしではありませんが、無智もまた叡智のしるしではないのです。

以上で、キリストが各人の中の「自立した自我」に呼びかけている、ということを述べました。この箇所での「度」（Maß）は、韻律（Silbenmaß）の意味で、芸術的な意味で受けとらねばなりません。前記の一節は、文字通り訳せば、次のようになります。――「神を『私である』の中で把握する人は、舌たらずではあっても、神の言葉を証し、神への道を見出す」。

第六講 「私である」（一九〇八年五月二五日）

すでにこの連座講義の中で示唆したように、イエス・キリストとニコデモとの対話は、キリストと高次の認識器官を発達させた人物との話し合いだったのです。ニコデモは肉体の外で霊界を知覚できる人でした。

ニコデモが「夜になって」イエス・キリストのところに来た、と言う言葉でこのことが示されています。「夜になって」というのは、外的な感覚器官を用いない意識状態において、という意味です。この「夜になって」にさまざまな人が加えてきた通俗的な解釈の一つひとつに立ち入ることはしません。御承知のように、この対話の中で、人間の転生が、「水と霊から」の転生が存在する、と語られています。キリストがニコデモに転生について語っている言葉（三章四－五）は非常に重要です。「ニコデモは言った。『年をとった者がどうして生まれることができましょう。もう一度、母親の胎内に入って生まれることができるでしょうか』。イエスはお答えになった。『はっきり言っておく。だれでも水と霊とによって生まれなければ、神の国に入ることはできない』」。

このような言葉は黄金用の秤で計らなければならないのです。そのことはすでに申し上げました。しかし文字通りの意味で受けとるためには、まず文字通りの意味を見出すことができなければなりません。「文字は殺しますが、霊は生かします」（コリントの信徒への手紙二、三章六）という言葉がよく引用されますが、これを引用する人びとは、しばしば奇妙な仕方で引用するのです。この言葉を特許状のように引用して、「実際精神」と名づけられたファンタジーをこの言葉の中から読みとり、そして霊に到る前に、まず文字を知ろうと努めている人に対しては、次のように言うのです。「文字など何の役にも立たない。文字は殺し、霊は生かすのだ」。

こういう言い方をする人は、次のような言い方をする人と同じ水準に立っているのです。――「霊は本来の生きている部分であり、身体は死んだ部分である。だから身体を破壊してしまえば、霊が生きる」。

そう語る人は、霊が段階を追って形成されるのであり、物質界の経験を霊にまでもたらすために、身体器官を利用しなければならないことを知らないのです。私たちはまず、文字を知らなければなりません。そうすれば、ちょうど人間の霊がすべてを身体から取り入れたときに、身体が人間の霊から脱け落ちるように、この文字を殺すことができるのです。

ヨハネ福音書のまさにこの章の中に、深い事実が示されているのです。これまでヨハネ福音書の考察のために行ってきたときよりも、さらにはるかな過去へ向けて、人間進化の過去を遡るときにのみ、この章の意味が見えてくるのです。

けれども、以前の人類状態に関して、はじめからあまりに大きなショックを与えないでもすむように、まずもう一度アトランティス期にまで皆さんを連れ戻したいと思います。

レムリア期とアトランティス期の人間

すでに述べたように、私たち人間の祖先は、大洪水伝説の中で伝えられている、あの大地の大変動以前には、今日は大西洋の海底の地盤を形成している、西方の大陸に住んでいました。古アトランティスと呼ばれるこの大陸が、私たちの祖先の居住地でした。このアトランティス期の最後の頃を霊視しますと、非常に遥か彼方の時代であるにも拘らず、人間の姿が今の人間の姿と似ていることが分かります。しかしアトランティス期の初期にまで遡ると、今日とはまったく異なる人間形姿を見出すのです。そこで、さらにもっと先まで過去を遡ってみましょう。

アトランティス以前の人間は、「レムリア」と呼ばれる大陸に住んでいました。レムリア期も地球の圧倒的な変化によって、滅亡しました。レムリア大陸は、ほぼ今日の南アジア、アフリカ、オーストラリアの間に横たわっていました。霊視しますと、レムリアに住んでいた人間の形姿が今日の人間と非常に異なっていることが分かります。ここで皆さんにこのレムリア期の人間の形姿と初期アトランティス時代の人間の形姿とをくわしく記述する必要はないでしょう。霊学上の記述の或る部分を受け入れることができたとしても、古レムリア期のこの異なった人間形姿のことは、とても信じられないでしょう。けれども、地球の進化過程において人間に生じた事柄を理解するためには、どうしてもその人間形姿に、たとえ外的な仕方ではあっても、触れておく必要があるのです。

当時はもちろん存在していなかった今日の私たちの感覚で、レムリア末期とアトランティス初期に眼を向け、さまざまな地域の様子を見たとしましょう。もちろん実際には不可能なことですが、一度そのような仮定を立ててみたいのです。今日の感覚的知覚で地上に人間が見出せると考えたら、思い違いをしてしまいます。当時の人間は、今日の感覚の対象になれるような形態を示してはいません。見えるのは、地上の諸地域が海水に取り巻かれ、蒸気に包まれて、まだ液体状の周囲から、まるで島々のように聳え立っている光景だけでしょう。けれどもその聳え立つ島々も、今日の陸地のように固まって存在するのではなく、柔らかな地面の間に巨大な火が燃えさかっていました。ですから、その島々は、絶えざる火山活動によって、盛り上がったり、沈んだりしていたのです。大地は燃え上がる火の要素に支配されており、すべてはまだ生きて流れ、変化していたのです。或る地域では、すでに或る程度まで大地が冷えており、そこには今日の動物界の先祖たちが生きていました。それらの存在たちならば、そここに見出すことができたでしょう。爬虫類や両生類の祖先のような、グロテスクな姿が見えたでしょう。しかし人間はどこにも見出せなかったでしょう。なぜなら、当時の人間は、そのような固まった身体を持っていなかったからです。人間を見ようとするのでしたら、まったく別のところを探さなければならなかったでしょう。人間は、今日の海中のクラゲのように、柔らかい、ジェリー状のかたまりとして、水や蒸気の中に存在していたのです。当時の人間の肉体は、水と蒸気の領域の中に埋没していたのです。人間は、時代を遡れば遡るほど、蒸気と水の環境の中で、ますますその環境に似て稀薄になっていきます。

アトランティス時代に入ってから、人間はますます濃縮化の過程を辿りました。その経過を眼で辿ることができたとしたら、人間が水から脱して、地上に降り立つのを見ることができたでしょう。比較的あとになってから、大地に住むようになったのです。人間は水と空気の領界から降りてきました。水と空気の領界から出て、固まっていきました。かつては、まだまったく環境から区別されず、環境と同じ要素から成り立つ人間が存在していたのです。地球の進化を過去に遡っていけば、人体はますます稀薄になっていくのです。

月紀、土星紀の環境

地球紀の発端は、月紀から生じました。私たちは月紀を「叡智の宇宙」と呼びます。月紀の或る段階までは、固い土地がまったくありませんでした。月紀における物質状況は、地球紀とはまったく異なっていました。土星紀に到りますと、今日の地球紀の様子と似た何かをイメージすることなど、まったくできません。足を踏みしめることのできる岩石、よじ登ることのできる樹木はまったく存在していません。宇宙空間の彼方から古い土星進化の中葉の時期に近づいたとしたら、特定の宇宙体が宇宙空間に漂っているとは見えなかったでしょう。まるでパン焼きがまの内部のように感じられる領域に入り込むような不思議な感じを持ったでしょう。土星紀の唯一の現実は、周囲とは異なる熱状態を持っていることでした。それ以外の点では、土星は他の空間と異なるものをどこにも表していませんでした。

オカルティズムは物質の状態を、物理学のように三つに区別しないで、固体、液体、気体に、さらに熱体を加えるのです。気体は土星紀の熱体よりも、もっと濃縮されています。熱は物質の単なる運動状態なのではありません。第四の本質状態なのです。土星紀は熱だけから成り立っていました。土星紀から太陽紀へ移ると、火の惑星の一段と濃縮された状態が生じます。太陽紀は私たちの惑星の最初の気体化状態を、月紀は太陽紀の後に現れた最初の液体状態を表しています。月がまだ太陽と結びついていた月紀の中期は、液体状態でした。現在の耕地の表土のような大地は、月紀においてはまだ存在していません。それは地球紀になって、結晶化の過程を通して現れてきます。

地球紀初期の人間

地球紀が始まるとき、これまでのさまざまの状態をもう一度繰り返さねばなりませんでした。宇宙におけるどんな存在も、新しい進化段階に至るとき、以前の諸状態を繰り返すのです。私たちの地球も、急速に土星紀と太陽紀と月紀の状態を繰り返します。地球紀が繰り返す月紀の状態は、水と水蒸気の入り混じった状態でした。まだ今日の水ではなく、水に似た液状の状態でした。宇宙空間に漂うこの液状の球体には、現在の水と違って水と蒸気とが入り混じっており、その中で人間が生きていました。まだ固体化しておらず、液体状ですから、はっきりした輪郭もありません。現在の人間存在の中では、その自我とアストラル体だけがそこに存在していました。しかしこの自我とアストラル体は、まだ自分たちが他から分離しているとは感じておらず、神霊存在の懐に抱かれて生きていました。まだ水のような、蒸気のような地球を自分の体としている神霊存在から切り離されているとは感じていませんでした。今、このようなアストラル体と自我の中に、微妙な淡い人間萌芽が形づくられます。それが次頁に図示されています。

図Ⅰの上のところに、外からは不可視的なアストラル体と自我が水の地球に組み込まれて存在しています。そしてエーテル体と共にまったく稀薄な状態にある物質的な人間萌芽を自分の中から取り出

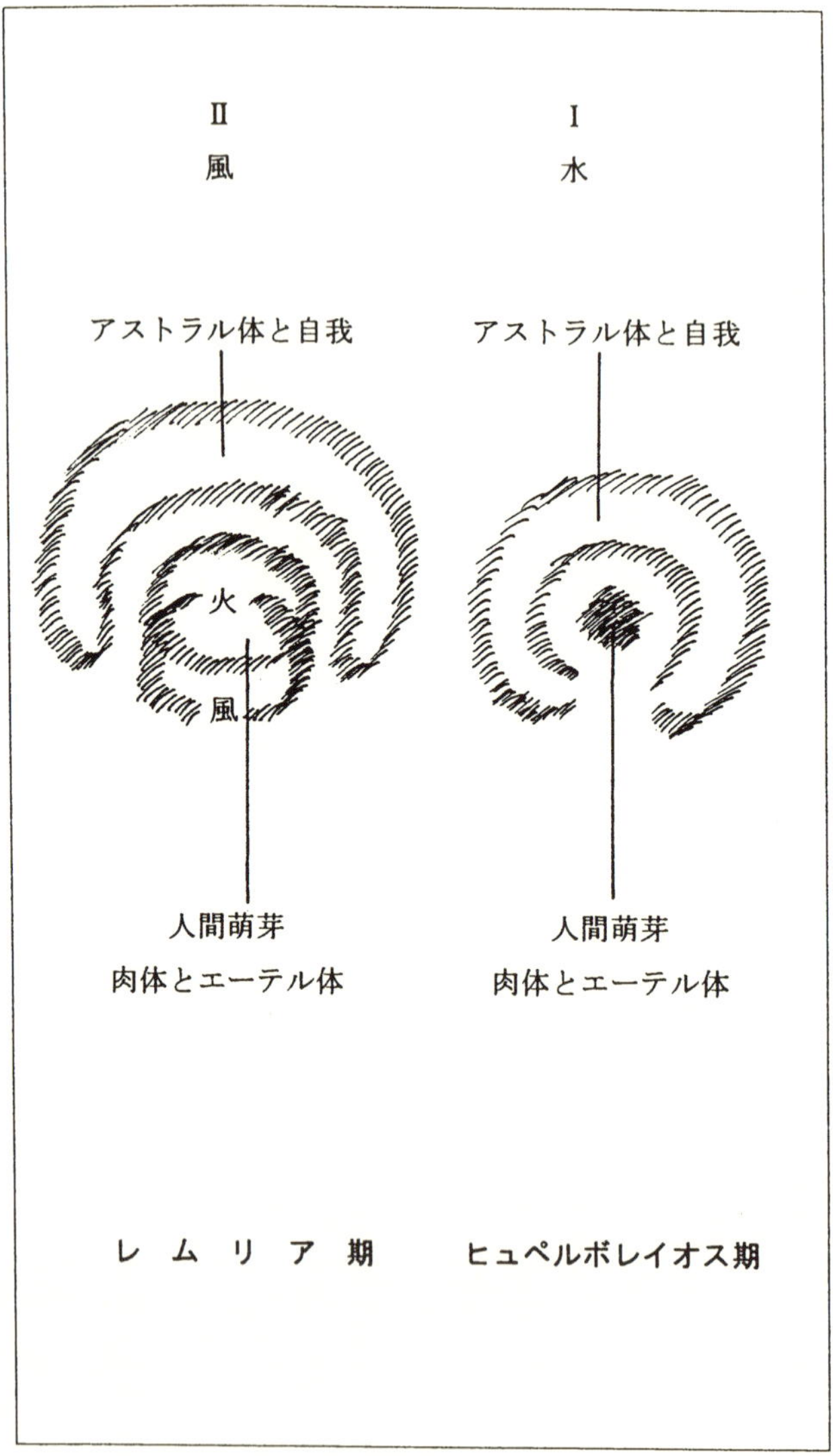
Ⅱ
風
Ⅰ
水
アストラル体と自我
アストラル体と自我
火
風
人間萌芽
肉体とエーテル体
人間萌芽
肉体とエーテル体
レ ム リ ア 期
ヒュペルボレイオス期

図Ⅰ

します。それがこの図のようになっています。霊視すると、肉体とエーテル体の最初の萌芽が、図のように、アストラル体と自我に取り巻かれて見えるのです。私たちがベッドに横になって眠るときの肉体とエーテル体とは、地球紀のこの最初の状態においては、まだ完全にアストラル体と自我に包まれた人間萌芽だったのです。水のような蒸気のかたまりがさらに濃縮していくにつれて、アストラル体と自我が、この根源的な水の地球の到るところで、最初の人間萌芽を生み出していきます。動物と植物の歩みについては、ここでは取り上げないでおきます。

水と風の分離

水が濃縮して、水と風に分離するのが次の段階です。ですから、もはや蒸気と水の入り混じった状態ではなく、水と空気とが分離し、その結果、人体つまり肉体とエーテル体はさらに濃縮します。人体は、今空気が水から分かれたので、みずから空気のようになり、そして火の要素を自分の内に取り込みます。以前水のようだった体が今、空気のようになります。こうして今や人間の肉体的＝エーテル体的な萌芽は、火に貫かれた風から成り、アストラル体と自我がそれをとりまき、そしてこれらすべてが、水と風の両方の中であちこち運動しているのです。(図II参照)

このようにベッドの中で眠っている今日の人体部分は、風にまで濃縮し、火に浸透された状態でした。それぞれの火の人間には、アストラル体と自我が結びついています。しかしこれらはすべて、神の胎内に組み込まれていました。言い換えれば、まだ自分を固有の自我であるとは感じていませんで

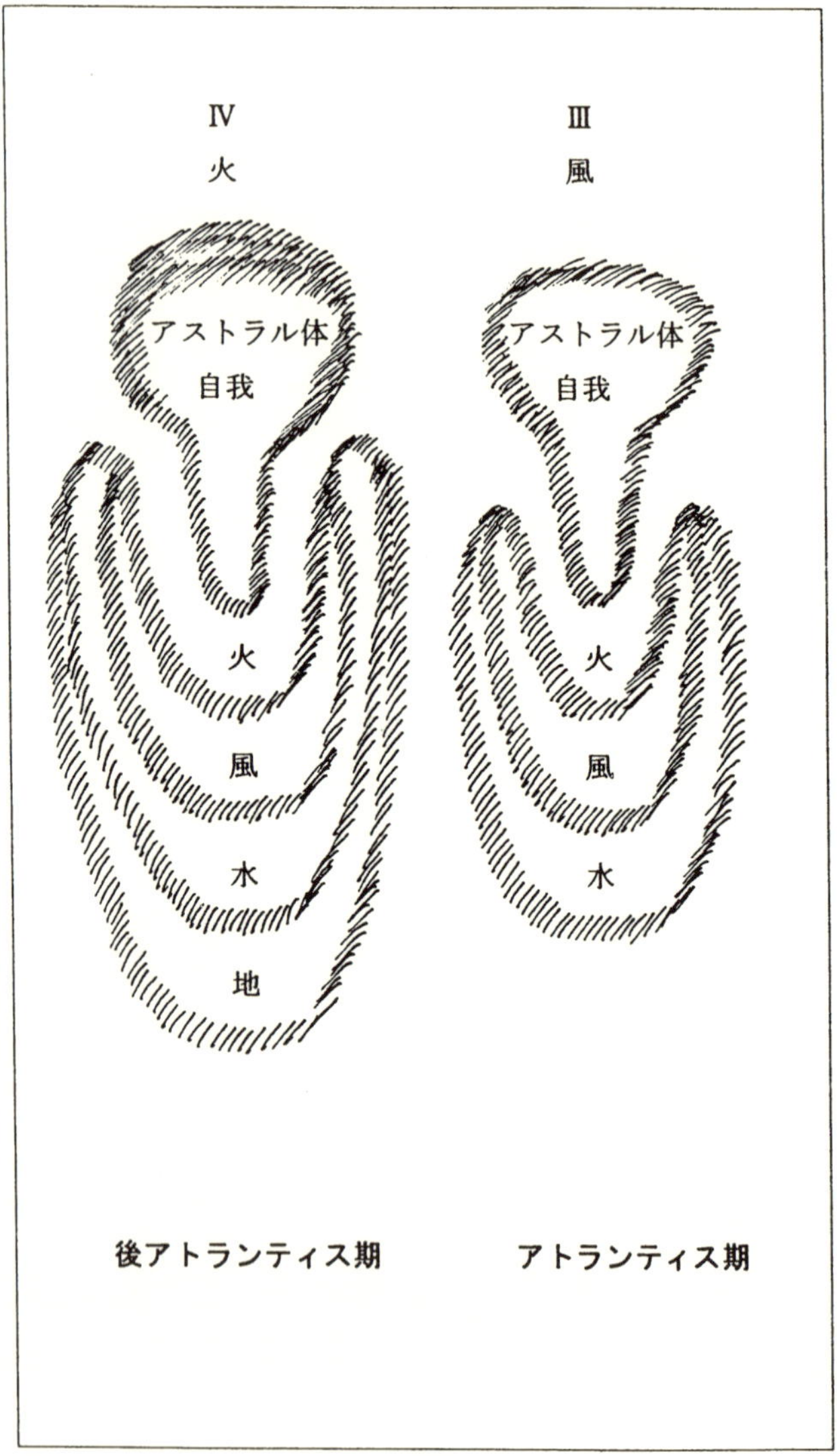

図II

した。

どうぞ以上の点をよく考えてみて下さい。これらの状態は、今日の地球の状態とは非常に異なっています。ですから、とても理解できそうにない、と思えるでしょう。いったい空気の中に入り込む火とは、何のことなのでしょうか。当時の人間が担っていた火は、今でも私たちの中に生きています。それは血液の熱となって、体内を循環しています。そしてかつての空気の名残りも、現在の人体の中に存在しています。呼吸するときの私たちは、肉体の中に空気を流しています。深く息を吸うとき、空気は血の中に取り込まれ、それによって熱のある空気になります。この空気が身体のすべてに浸透します。

身体から固体と液体をすべて取り去ってみれば、あとに残った人間は、息を吸い込んだ姿をしています。酸素を身体のすみずみに送り込んだ姿です。その姿は人間の形をとっていますが、空気だけから成り立っています。人間の中を流れる「風」が人体の形をとっているのです。それは風と熱からなる、一種の陰の体のようなものです。

当時の私たちは、そのような姿をとっていたわけではありませんが、肉体とエーテル体は、自我とアストラル体に包まれていました。その状態はアトランティス期まで続きました。

アトランティス初期の人間が、今日と同じように、歩きまわることができたと考えたら、大変な間違いです。当時やっと人間は、風の領界からより濃縮した物質領界へ降りてきたのです。当時の地上には、動物たちがいましたが、その動物たちは、物質の中に受肉するまでゆっくり待つことのできなかった人間たちでした。人間にふさわしい物質を生じさせるのに地球がまだ成熟していなかったので、動物たちの体はそれ以上の進化を遂げることができず、低次の形態に留まったのです。それは物質界に受肉するまで待てなかった結果なのです。

水の人間

次に、人間の肉体は風と熱と水とに分かれました。オカルト的には、水の人間になりました。それ以前の人間も水の人間だった、と考えるのは、正確ではありません。以前の地球は水の球体でしたが、その中にアストラル体と自我とが、もっぱら霊的な仕方で関わり、霊的存在として水の中を泳いでいました。まだ個別化された存在としてではありません。

私たちは今初めて、水の中にくらげのように存在する人体を見出します。根源の海の中で泳ぎ、水の中から濃縮されて生じた形姿を見出します。人間はまずこのような姿で現れます。初めは水の体をもち、アストラル体と自我は神霊存在の中に深く包み込まれています。

その当時、人間の意識状態は後世とはまったく違っていました。今日のように意識のない夜と意識的な昼とに分かれているのではなく、まだ神霊存在の中に包み込まれて、夜でも暗いアストラル意識を持っていたのです。昼に液体状の肉体に宿ったときの人間は、夜を迎えたのです。そしてふたたび肉体から離れたとき、眩しいアストラル光に包まれました。朝、肉体の中に沈み込むと、暗く鈍くなり、一種の意識喪失が始まりました。しかしその肉体の中で、ますます現在の身体器官が形成されていきます。それと共に、人間は次第に見ることを学ぶようになります。昼の意識は、明るくなっていきますが、それと共に、神の懐から切り離されていきます。そしてアトランティス期の中葉に至って初めて、軟骨が形成され、そしてさらに肉と骨が形成されます。外では大地がますます固まり、人間は大地の上に降りてきます。それと共に、神霊界での意識は、消えていきます。人間は外界の観察者となり、本来の地球市民になる用意をします。アトランティス期最後の三分の一の頃に、人間の姿は今日の姿に似てくるのです。

物質界への下降

このようにして、人間は水と蒸気の領界、水と風の領界から降りてきます。水と風の領界にいたときの意識は、明るいアストラル的な知覚能力を持っていました。当時は肉体から離れるたびに、神々のもとに留まっていたのですが、肉体が固まるにつれて、神々のもとから切り離されていきます。人間は水と風であることをやめて、うつわのような存在になっていきます。人間は水と風であった限り、神々のもとにいました。自我を発達させることはできませんでしたが、神の意識からまだ切り離されていませんでした。物質界に降りたことで、アストラル意識は暗くなりました。

この進化の意味を次のように述べることができるでしょう。――まだ神々のもとにあったときの肉体とエーテル体は、水であり、風であった。それから次第に、地球の濃縮化と共に、今日の人体に固まった。

これは下降の過程です。人間は下降したあとで、ふたたび上昇するでしょう。人間が固い物質の中で経験できることを今経験しているように、人間は肉体が水と風であった領界へふたたび上昇していくでしょう。人間は、ふたたび意識的に神々と結びつきたいと願います。そこから生まれたもとの領界に、本来の故郷を見出そうとします。このことを私たちはよく意識していなければなりません。

人間は水と風から現れ、ふたたび風と水にもどっていくのです。この将来の状態を、現在は霊的な仕方で予見するしかありませんが、しかし人間は意識してこの状態にいたる力を、次第に獲得していきます。人間がこの意識の力を獲得したとき、地球の目標が達成されるのです。

なぜでしょうか。それは人間が、かつて、肉と土から生まれたのではなく、風と水から生まれた存在だったからです。ですから将来、人間はふたたび霊的に風と水から生まれなければならないのです。

福音書が書かれた時代、水は水のことでしたが、今日「霊」と訳されている「プネウマ」は、「風」を意味していました。プネウマを風もしくは蒸気の意味にとらなければ、福音書を誤解してしまいます。ですからニコデモとの対話での言葉、「はっきり言っておく。誰でも水と霊とによって生まれなければ、神の国に入ることはできない」(三章五)の「霊」は、風と訳さなければならないのです。

このようにキリストは、人間の未来の状態を、進化の深い秘密を暗示しているのです。必要なのは、言葉の正しい理解です。日常言語でも、気化しやすい成分のことをスピリット(酒精)と呼びます。事実「霊」という言葉は風のことなのです。

どうぞ言葉を黄金用の秤にかけて下さい。文字通りの意味から、すばらしい霊的な意味が見えてきます。

個的内面の誕生

さてここで、進化の別の事実に眼を向けてみましょう。もう一度、神的、アストラル的な世界に人間のアストラル体と自我が包み込まれていたときのことを考えてみましょう。私たちのアストラル体はアストラル界に埋没していました。そして今述べた経過の中で、肉体とエーテル体がうつわのようにつくられました。そしてそれと共に、個々の人間がアストラル界から切り離されました。ちょうど海から海水をうつわに移すようにです。肉体が形成される一方で、人間の個別意識が神的意識から切り離されました。時代が下るにつれて、個人がアストラル界から一個の肉体のうつわの中に入っていきます。この独立化は、アストラル意識が暗くなるという代償を伴います。その代わり、肉体のうつわから物質界を見ることができるようになるのですが、しかしその代わりに、古い見霊意識は失われていきます。

こうして個人の独立した内面が、自我の担い手として現れます。眠っている人のベッドに横たわる肉体とエーテル体は、うつわなのです。アストラル体と自我は、夜、神的な実体のもとへ、みずからを強めるために、もどっていきます。もちろん当時のように、見霊的な意識を保ってはいませんが、地球紀の進化の中で生じたみずからの独立性は保っています。

いったい誰のおかげで、この独立した人間の内面は生じえたのでしょうか。人間の肉体とエーテル体のおかげなのです。それらが昼間物質感覚によって物質界を見、夜、無意識状態の中に沈むことを可能にしたのです。この肉体とエーテル体とを、オカルティズムは「本来の地球人」と呼びます。これが「人間」なのです。そして夜、そこから抜け出るアストラル体と自我を、「人の子」と呼びます。

「人の子」

イエス・キリストは何のために地上に来たのでしょうか。何を地球に伝えようとしたのでしょうか。

神のもとから切り離されたこの「人の子」が、キリストの力によって、ふたたび霊的意識を獲得するようになるためにです。人間は、物質感覚で物質界を見るだけでなく、今は無意識的でしかない内的本性の力で、神的存在を意識すべきなのです。地上に出現したキリストの力で、人の子はふたたび神のもとに上げられなければなりません。これまでは選ばれた人だけが、秘儀参入を通して、霊界を見ることができました。そのような人びとは、古代においては、「蛇」と呼ばれました。蛇とは秘儀参入者のことなのです。彼らがイエス・キリストの先ぶれでした。モーセは蛇を掲げる（民数記二一章八 - 九）、つまり霊界を見る人びとに高めるという使命を、象徴として民衆に示したのです。キリストはこのことを、すべての「人の子」のために可能にしようとするのです。キリストはこのことを、ニコデモとの対話の中で、次のように語っています。――「そして、モーセが荒れ野で蛇を上げたように、人の子も上げられねばならない」。（三章一四）

イエス・キリストは、当時の秘儀の表現を意識的に使っています。彼の言葉の一言ひとことを真剣に受けとめれば、人智学の考え方とも一致する真の意味が理解できます。ですから、古代において、あの「私である」の教えが予告できたのです。各人（人の子）の中に点火されるべき「私である」の力について、民衆は秘儀参入者の外的権威に従うときにのみ学ぶことができました。しかし今、私たちはこの力を十分に学ぶことができるのです。

ヨハネ福音書における「私である」の意味については、すでに述べました。この「私である」も次第に人びとに伝えられ、公開されるようになりました。旧約聖書において預言的に暗示された「私である」は、天から降臨し、受肉したことによって、「衝動」（キリスト衝動）となって人びとのもとに託されました。この「私である」は、旧約聖書において預言され、準備されていたものです。

高次の神を預言するモーセ

時代の中に現れる事柄は、時をかけてゆっくり準備されます。イエス・キリストがもたらしたものも、胎児のようにゆっくりと、古代の秘儀の中で、旧約の信奉者たちの中で、育っていかなければなりませんでした。旧約の信奉者たち、古代ユダヤ民族の中で準備されたことは、古代エジプト人の中でも育っていきました。古代のエジプト人たちの中には、地上に生じるべき事柄を知る偉大な秘儀参入者たちがおりました。後アトランティス人類期の第三期に当るエジプト文化期の人の場合、「私である」衝動が次第に育っていきましたが、いわば「私である」ための外枠をつくり出しただけで、キリスト原則そのものを生み出すところまではいきませんでした。その後ついに、古代ヘブライ民族がエジプト人から脱出しました。モーセは、エジプト人の間で特別視され、神の預言者とされましたが、「私である」ことを体現する神については、このことに聴く耳を持つものだけに預言して、「私と父アブラハムはひとつだ」という言い方の代わりに、「私と父はひとつだ」ということ、つまり私と宇宙の霊的根拠とが直接ひとつに結びついていることを語りました。旧約の信奉者の大半は民族の集合魂に眼を向けましたが、若干の人びとはこの集合魂の中にあって、自分がある特別の神の加護を受けていると感じました。古代の秘儀参入者であるモーセは、キリストが来るであろうと預言しましたが、このことは、世代を通じて流れている血の原理よりも、もっと高次の神の原理が存在する、という預言だったのです。神はアブラハム以来血の中で働いていますが、この神は霊的な父の外的な現れであるにすぎないのです。

モーセは神に語った。「ファラオの元に行く私がイスラエルの子らをエジプトから連れ出せというのですか。私は何ものなのでしょうか」。

神は語った。「私はお前と共にいるであろう。このことは、私がお前を世に送ったことのしるしである。お前が私の民をエジプトから連れ出したなら、この山の上で神に供犠を捧げなさい」。

モーセは神に語った。「ごらん下さい。私はイスラエルの子らのところへ行き、『お前たちの祖先の神が私をお前たちのところへ送られた』と語るでしょう。そしたら彼らは私に神の名をたずねるでしょうが、私は彼らに何と言ったらいいのでしょうか」。（出エジプト記三章一一 - 一三）

モーセは高次の神を預言します。その神は父なるアブラハムの神の中で高次の原理として生きていました。その神の名は何というのでしょうか。

神はモーセに語った。「私は私であるところのものだ」。(出エジプト記三章一四)

ここでは、のちにイエス・キリストの中に受肉して現れる「言葉の深い真理」が預言されているのです。

そして語った。「だからお前はイスラエルの子らに言わねばならない。『わたしである』方がそれを私にさずけたのだ、と」。(出エジプト記三章一四)

このように言葉どおりに書かれています。別な言葉で言えば、血族の名の根底に存する名こそが「私である」なのだ、ということです。そしてこの名がヨハネ福音書のキリストの中に受肉して現れたのです。

そして神はさらにモーセに語った。「それ故お前はイスラエルの子らに言わねばならない。主が、お前たちの祖先の神が、アブラハムの神、イサクの神、ヤコブの神が私をお前のところへ送った

のだ、と」。（出エジプト記三章一五）

ですから、「君たちがこれまで外に見ていたもの、血の中に流れていたもの、それは深い意味においては『私である』なのだ」、というのです。イエス・キリストを通して世に現れるものは、このような仕方でみずからを語るのです。私たちは「ロゴス」の名を聴き、その名が当時モーセに対して「私は『私である』ところのものだ」と言うのを聴きます。そのとき、ロゴスがその名を語っているのです。ロゴスは、人びとの悟性と知性が理解できる名を選んだのです。「私である」存在がイエスの中に受肉したロゴスとして、肉の中に現れるというのです。

マナ＝生命のパン

このことについては、外なるしるしがあります。イスラエル人が概念的な思考によって把握できる「ロゴス」は、イスラエル人のところにこのしるしを通して流れてきます。そのしるしとは、砂漠での「マナ」のことです。マナとは、神秘学が教える「マナス」、つまり霊我のことに他なりません。このようにして、自我意識を次第に獲得していく人類の中に、霊我の最初の働きが流れ込むのです。しかしマナスそのものの中に働くものは、他の呼び名を持っています。それは知るだけでなく、受け入れることもできる力です。「ロゴス」がその名を呼ぶとき、人はその名を理解し、理性で把握できなければなりません。肉となって人類の中に現れた「ロゴス」は、教えや概念として生きるだけでなく、人間もそれに関わることのできる力と衝動として、世の中に生きているのです。その場合の「ロゴス」は、もはや「マナ」とは呼ばれず、「生命のパン」(六章四八)と呼ばれます。これはブッディ、つまり生命霊に対する秘儀の表現なのです。

サマリアの女に象徴として手渡される水、霊によって変容した水と生命のパンとは、ブッディ、つまり生命霊が人類の中に流れ込むことの最初の告知です。では、この続きは明日申し上げます。

第七講

ゴルゴタの秘儀

（一九〇八年五月二六日）

ヨハネ福音書のすべては、結局は人類史の中で「ゴルゴタの秘儀」と呼ばれる大事件が生じたことを記述しようとしています。この秘儀を秘教的な立場で理解することは、同時にヨハネ福音書の深い意味を解明することでもあるのです。ゴルゴタの秘儀の中心に立つものは、十字架上の死の瞬間に、救世主の血が傷口から流れ出たという事実です。地上の世界におけるこの出来事は、ヨハネ福音書の観点から見ると、霊的に何を意味しているのでしょうか。

ゴルゴタの秘儀の霊的意味

ゴルゴタのこの出来事は、すべての地上の出来事の中心に存する霊的経過を意味しているのです。今日の物質中心の世界観の中でこういう言葉を耳にしても、あまり多くの意味をそこに見出すことができないでしょう。なぜなら、この一回限りのゴルゴタの出来事を物質的にそれとよく似た同じような出来事から区別することはできないからです。しかし、ゴルゴタでの出来事の起こる前と後とでは、地上の出来事すべてにとって、大きな、決定的な相違があるのです。

今このことを細部に亙って理解しようとするなら、次のことを考えてみなければなりません。人間もしくは動物が肉体、エーテル体、アストラル体を持っているだけでなく、天体もまた、物質体だけでなく、エーテル体、アストラル体を持っています。私たちの居住星である地球も同様です。もしも地球がみずからのエーテル体を持っていなかったなら、植物を成長させることはできなかったでしょう。地球のエーテル体、アストラル体を持っていなかったなら、動物を生かすこともできなかったでしょう。地球のエーテル体の中心は、物質体としての地球の中心と同じところにあります。物質体としての地球は、地球のエーテル体の中に埋没しており、地球のエーテル体と物質体は地球のアストラル体の中に埋没しているのです。

地球進化の過程を観察すると、地球のアストラル体と地球のエーテル体とが、常に同じ存在であり続けてはおらず、変化を遂げてきたことが分かります。

そのことをはっきり理解するために、地球外のいずれかの星に身を移して、そこから地球を眺めたとしてみましょう。その場合、地球は物質として宇宙空間に浮かんで見えるだけでなく、光のオーラがそれを取り巻いているのが見えるでしょう。それが地球のエーテル体とアストラル体です。もしもその人がゴルゴタの出来事が生じたときまでを眺め続けていたとしますと、次のような情景が見えたはずです。地球のオーラであるアストラル体とエーテル体が、ゴルゴタの出来事の以前には特定の色と形を表していたのに、あるときから、オーラ全体の色が変わったのです。ゴルゴタでイエス・キリストの傷から血が流れ出たときからです。地球そのものがその瞬間、霊的に変化したのです。

太陽と地球の合体

すでに述べたように、私たちが「ロゴス」と呼んでいるものは、太陽と結びついて、地球に日の光をそそぐだけでなく、霊的な恩寵をも与えている六エロヒームの霊と魂の外的な表れです。ゴルゴタの出来事が生じた瞬間に、以前はもっぱら太陽から地球に光となって流れ込んでいた力と衝動とが、地球そのものと合体し始めます。ロゴスが地球と合体し始めたことによって、地球のオーラが別のオーラになったのです。

ゴルゴタの出来事を別の観点から考察してみましょう。これまで私たちは、いろいろな観点から、人間と地球の形成過程を振り返ってきました。私たちの地球は、地球紀になる以前に、土星紀、太陽紀、月紀という三つの転生を通ってきました。地球紀には月紀が先行しています。進化の目標に達した惑星は、人間の場合と同じように、輪廻転生するのです。惑星は、別の、不可視的な「プララヤ」と呼ばれる生存状態に移り、次いで新たな物質化を遂げます。ですから月紀と地球紀との間にも、中間状態がありました。外からは見ることのできない、この霊的な生命状態から、地球は、最初の状態の中に輝き出、そして昨日述べた諸状態がそこから生じました。はじめて輝き出た当時の地球は、太陽系全体とまだ結びついていました。当時の地球の広がりは、今日の太陽系のもっとも遠い星々の軌道にまで及んでいました。太陽系は、ひとつの存在でした。個々の惑星は、後になって分かれたのです。その後の地球も、或る時点までは太陽、月と結びついて、太陽、月、地球がひとつの天体であり続けました。水のように濃縮した霧の中で、人間のアストラル体と自我とが漂っていた頃まで、太陽と月と地球はひとつだったのです。現在の太陽の中にある霊的、物質的な諸力は、地球と結びついていました。

次いで太陽が地球から分離したとき、肉眼が見る物質体としての太陽だけでなく、霊的な太陽もまた、その霊的、魂的な本性たち、つまりその頂点に本来の光の神たちであるエロヒームをいただく太陽居住者たちを伴って、地球から分かれました。今日の月と地球との混合体があとに残りました。その後も地球は、月と結びついており、レムリア期になってから、両者が分離して、太陽、月、地球の三大天体の今日のような関係が生じました。この関係が生じるには、エロヒームがまず外から働きかけなければなりませんでした。エロヒームの中の一者が月の主神となり、そこから他のエロヒームたちの強力な力を反射することになりました。

現在の私たちは、宇宙空間の中で、太陽と月から離れ、島のように存在する地球上に生きていますが、時が来れば、地球と太陽はふたたびひとつに合体するし、人間もまた、太陽の強力な働きと一体化できるほどにまで霊化し、人間とエロヒームとが、同じ舞台上で生きるようになるでしょう。

しかし、ゴルゴタの出来事が現れなかったとしたら、地球と太陽の合体は決して生じないでしょう。ゴルゴタの出来事によって、太陽の中のロゴス（エロヒーム）の力が地球と結びついて以来、ロゴスの力がロゴスの力にふたたび駆り立てられて、太陽と地球とをふたたび結び合わせようとする衝動が生じるようになったのです。ゴルゴタの出来事以来、地球は、太陽とふたたび合体する力、太陽から地球に流れるロゴスの力を、みずからの霊的生命の中に取り込みました。それ以来、地球の中には地球霊となったロゴスそのものが生きています。

地球霊キリスト

私たちの体内に私たちの霊と魂が住んでいるように、岩石、植物、動物から成る地球体の中に住んでいる地球の霊と魂こそが、キリストなのです。キリストは地球の霊なのです。

ですからキリストがごく親しい弟子たちに向かって、内輪の集まりで語ったとき、彼は次のように語ります。――「あなたがたの体の中には、魂が生きています。地球も同じです。あなたがたの肉の中に生きている霊は、肉の霊であるだけでなく、地球全体の霊でもあるのです」。

キリストは自分の真の体が地球なのだ、と語ったのです。――「あなたがたが草を見、パンを食べるとき、麦畑の穂の中の何をあなた方は食べるのですか。私の体を食べるのです。あなたがたが植物の汁を飲むとき、何を飲むのですか。地球の血を、私の血を飲むのです」。

イエス・キリストは言葉通り、このように弟子たちに語りました。私たちはそれをまったく言葉通りに受けとらなければなりません。イエス・キリストが弟子たちを集めて、キリスト教的秘儀参入を象徴的に示すとき、彼はひとりが自分を裏切るだろう、という注意すべき言葉を語ります。ヨハネ福音書一三章一八節は次のように述べています。

「わたしのパンを食べている者が、わたしを足で踏みつける」。

この言葉は文字通り受けとらなければなりません。人間は地上のパンを食べ、足でこの地上を歩き廻ります。地球が地球霊の体、つまりキリストの体であるなら、人間はキリストのパンを食べ、足で地球の体を、つまりキリストの体を足で踏みつけているのです。

地球霊であるキリストと、地球体から取ってきたパンとを理解したなら、ヨハネ福音書の意味での晩餐の理念を限りなく深化させることができるでしょう。キリストはこのことを、「これはわたしの体である」（マルコ伝一四章二二）と語っています。人間の筋肉が人間の体に属しているように、パンは地球の体、つまりキリストの体に属しています。そして植物の汁、ぶどうの液汁は、人体を流れる血と同じです。そしてキリストはそのことを、「これはわたしの血である」（マルコ伝一四章二四）と語っています。理解しようとしない人、理解したいとも思わない人だけが、こういう考え方をしたら、晩餐と結びついた聖なる印象が失われてしまう、と思うのです。しかし理解しようとする人にとっては、聖なる印象が失われたりはしません。むしろこう考えることで、地球という惑星全体が聖なるものになるのです。こうして、私たちが晩餐の中に、ゴルゴタの出来事と地球の進化全体とを結びつける地球最大の秘蹟を見るとき、その圧倒的な印象に、魂が烈しくゆさぶられます。救世主の傷口から流れる血は、人間だけでなく、宇宙にとっても重要な意味をもっているのです。その血は、地球の進化を促進する力なのです。

ヨハネ福音書のこの深い意味を理解する人は、自分の物質体が地球の物質体と結びついているだけでなく、自分の霊的、魂的な本質がキリストである地球の霊的、魂的な本質とも結びついている、と感じます。地球の霊であるキリストが、体である地球を貫いて流れているからです。

イエス・キリストと結びついた地球のこの深い秘密を観たとき、ヨハネ福音書の作者の心の中にはどんな思いが生じたのでしょうか。イエス・キリストの中にどれほどの衝動が働いていたのか、それを受けとる人類の中にこの衝動がどう働いているか、それを彼は感じ取ったのです。

マナス、ブッティ、アートマ

このヨハネの思いを洞察するには、人類の進化について、もう一度考えてみなければなりません。人間は肉体、エーテル体、アストラル体、自我から成り立っています。これらの進化は、どのように行われるのでしょうか。自我が他の三つの部分に徹底的に働きかけて、それらを浄化し、力づけることによって行われるのです。自我はアストラル体を浄化し、純化し、高次の段階へ引き上げる使命をもっています。自我の力で浄化され、力づけられたアストラル体は、霊我またはマナスと呼ばれます。自我によって根本的に作り変えられたエーテル体は、生命霊またはブッディと呼ばれます。自我の力によって完全に克服された肉体は、霊人またはアートマと呼ばれます。このようにして、人間は生存の目標に達するのです。

けれどもこの目標達成は、はるか遠い未来において実現されます。肉体、エーテル体、アストラル体、自我から成る人間が、自我によって他の三つの部分をつくり変え、霊我、生命霊、霊人にするためには、あらかじめ自我が完全に意識的に働いていなければなりません。このことは、現代人の大部分にとっては、まだまったく不可能なことです。現代人は、根本的には、自我の意識的な部分で、やっと自分のマナスをアストラル体の中へ組み込み始めたところです。これまでは、無意識の中で、高次の存在たちの助けを受けた人間が、自分の三つの低次部分をつくり変えてきました。

すでに太古の時代に、人間は自分のアストラル体を無意識に変化させて、そこに感覚魂を組み込みました。無意識に自我がエーテル体に働きかけて、悟性魂をつくり出しました。そして無意識に自我が肉体に働きかけて、意識魂をつくり出しました。これらの全体的な関連は、私の『神智学』の中に記されています。意識魂はアトランティス期の終わり頃に生じました。以前は頭の部分のエーテル体がまだ肉体の外にあったのですが、それがまったく肉体の中に入った時点でそれが生じました。そのときから人間は、「私」と言うようになったのです。こうして次第に人間は、後アトランティス期へ移行していきました。

私たちの時代は、これまで無意識に受容してきたものの中に、マナス（霊我）を意識して、次第に浸透させていく使命を持っています。人間は今日、肉体、エーテル体、アストラル体、感覚魂、悟性魂、意識魂のすべての力をもって、マナスを育成しなければならず、さらにまだまったく不十分ではあっても、ブッディ（生命霊）への素質をも育成しなければなりません。このように、後アトランティス期の私たちは、意識して、みずからの存在のこれら高次の部分を発達させるという、重要な使命をもっているのです。マナス（霊我）、ブッディ（生命霊）、アートマ（霊人）、たとえ究極の目標は遠い未来において達成されるのだとしても、これらを今少しずつ発達させていかなければならないのです。今日の人間は、低次の人間から高次の人間への進化を可能にする力を、獲得しなければなりません。

それでは、まだこれら高次の部分を発達させていなかった人間の中に、いったい今何が存在しているのでしょうか。未来においては、何が存在するようになるのでしょうか。未来人は現代人とどう異なるのでしょうか。

完全な人間の在り方

いつか完全な人間が発達するとしたら、アストラル体全体が浄化されて、同時にマナス（霊我）になっていることでしょう。エーテル体も純化されて、同時にブッディ（生命霊）になっていることでしょう。肉体もすっかり変化して、肉体であると同時に、霊人もしくはアートマになっていることでしょう。最大の力が、最低の体である肉体を克服するために用いられます。肉体の克服と変化が、人間にとっての最大の勝利を意味するのです。人間がこのことを完全に遂行したとき、人間の肉体は霊人、アートマとなるでしょう。今日、こうした高次の人間存在は、素質として生きているだけです。しかしいつかは、人間の中で、完全に生きるようになるでしょう。キリスト存在とキリスト衝動とに眼を向け、キリスト衝動によって力の充実を得ることが、人間のこの変容を遂行できるようにしてくれるのです。

この変容をまだ遂行できずにいる人間からは、何が生じるのでしょうか。霊学はこのことを非常に簡単に語っています。アストラル体がまだ浄化されず、まだ霊我に変容しないでいることによって、利己主義または自己中心主義が生じるのです。エーテル体がまだ自我の力に浸透されていないことによって、虚言と誤謬が生じるのです。そして肉体がまだ自我の力に浸透されていないことによって、病気と死が生じるのです。

いつか霊我が完全に発達したなら、もはや自己中心的になることはないでしょう。霊人が完全に発達したなら、つまり肉体が完全に発達したなら、病気と死は存在せず、安寧と健康だけが生じるようになるでしょう。人間がキリスト衝動を受容するとは、どういうことなのでしょうか。キリストの中に働く力を理解し、その力を通して自分の肉体を支配することができるようになる、ということなのです。

人間が完全にキリスト衝動を受容できた、と考えてみて下さい。キリスト自身が人間に直接向き合い、そしてキリスト衝動が直接この人間に移行した、と考えてみて下さい。これはどういうことなのでしょうか。

人間が盲目であったとしたら、このキリスト衝動の直接の影響によって、見えるようになるでしょう。なぜなら、進化の最終目標は、病気と死を克服することだからです。ヨハネ福音書の作者が盲目に生まれついた者の治癒を語るとき、このような深い秘儀を語っているのです。キリストの力がまったき強さで現れるときには、肉体を健康にする、ということを、例を挙げて示しているのです。一体、この力はどこにあるのでしょうか。キリストの体である大地の中にあるのです。大地は、本当に、キリストの霊であるロゴスの本質に浸透されているのです。

ヨハネ福音書の作者が、事柄をそのように理解して語っているかどうかを見てみましょう。このことを彼はどう語っているでしょうか。盲目の人がいます。キリストは土を取り上げ、それに唾をつけて、その人に塗りつけるのです。みずからの霊の浸み込んだ体を、彼は盲目の人に塗るのです。この記述（九章六）によって、ヨハネ福音書の作者は、自分がよく知っている秘儀を示しています。

私たちは、一切の先入見を捨てて、イエス・キリストのこの大いなるしるしのひとつを受けとめ、こうした事柄の本質を正しく理解して、知的な人たちがそれを馬鹿げていると言って惑わしても、それに動かされないようにしなければなりません。私たちはここで、今日の人たちにはまだふさわしくない、深い秘密に触れなければなりません。今日の人びとは、たとえどんなに進化した人であっても、偉大な秘儀を行うほどに強力ではありません。秘儀について知り、それを霊的に体験することはできますが、深く物質の中に組み込まれている私たち人間は、秘儀を物質界において体験できるほどに進化してはいないのです。

生と死

すべての生命は、本来両極から成り立っています。生と死はそのような両極です。たとえば、オカルティストは、死体と生きている人を較べるとき、非常に独特の感情をもちます。生きて目覚めている人を眼の前にするとき、その人の中に魂と霊が住んでいることは分かっても、その魂と霊は、霊界を意識していません。霊界を見ていないのです。死体を眼の前にするとき、その死体に属していた霊と魂は今、霊界へ移行する途上にあり、意識が霊界の光に輝いているのを感じます。ですから、死体は、霊界で生じることの象徴であると言えるのです。

物質界にも、霊界での出来事の模像がありますが、その模像は不思議な仕方で現れます。或る人がふたたびこの世に生まれるために下降するとき、物質素材を集めて、自分の体を作らなければなりませんが、その過程は、見霊者にとっては、まるで霊界での意識が霊界で死んでいく過程であるかのように見えるのです。霊界で死に、現界で生きるのです。

物質素材が人体を形成するとき、霊的意識が或る仕方で死んでいくのです。そして肉体の諸部分が、死に際して分離し、解消するとき、肉体が腐敗し、焼却されると同時に、霊的には、その正反対のことが生じ、霊的意識が現れるのです。物質の解消は、霊の誕生なのです。

ですから、一切の崩壊過程、一切の解消過程は、オカルティストにとっては、それとはまったく異なる過程でもあるのです。肉体が土に返る教会の墓地は、霊的に見ると、霊的な誕生を告げるように、絶えず輝きを発しています。これは誰にも勧められないことであり、現在の身体ではまったく耐えられないことなのですが、もしも或る人が一定の修行によって肉体を鍛え、一定期間腐敗した死体の空気を意識的に呼吸することで、今述べた霊的経過が体験できたなら、その人は、現世での人生ではなく、次の人生において、人を健康にする力をもって生まれてくるでしょう。死者の空気を吸い込むことは、難行ですが、その行によって、キリストが唾をただの土に混ぜて盲目の人の眼にすり込んだような力を、次第に身につけるようになるのです。

死を食べ、死を呼吸し、それによって健康にする力を得るという秘儀は、ヨハネ福音書の作者が盲人の治癒のようなしるしによって指示している秘密です。こうした事柄は、それをそのまま受けとるべきかどうかよりも、盲人の治癒が文字通り存在する事実を学び、ヨハネ福音書の作者のような秘儀参入者の言葉を理解できるように試みなくてはならないのです。

カルマの法則

キリストが大地の霊であり、大地がキリストの体であるという考え方は、私たちに私たち相互の深い結びつきを教えてくれます。私たちはキリストが大地を霊化するのを知りました。キリストはそれを実行するために、みずからの存在の一部分を捧げたのです。

そこで今、別の例を取り上げてみましょう。キリストは次のように述べました。――「私の存在の最奥の秘密は、『私である』ということだ。そして『私である』の真の、永遠の力、アストラル体、エーテル体、肉体に浸透するその力が、人間の中に流れ込まなければならない。その力は大地の霊の中に存在している」。

キリストはすべての人が自我を本当に所有できるようにしようと望み、すべての人の中に神を目覚めさせ、すべての人の中に主人と王を呼び起こそうとしています。このことを一度、まったく真剣に考えてみなければなりません。そうすれば、そのとき、キリストがカルマの理念、カルマの法則を表現していることが分かるのです。カルマの理念を完全に理解する人は、それをキリストの意味で理解するに違いないのです。この理念は、どんな人も他人の内奥の裁き手になってはならない、と教えています。カルマの理念をこの意味で理解しなかった人は、それを深く理解しなかったのです。人が他の人を裁く限り、人は他人を、自分の自我の強制下に置くのです。本当にキリストの意味で「私である」を信じる人は、裁きません。「カルマは偉大な清算人である。お前の為したことを、私は裁かない」とただ言うだけです。

キリストの言葉を本当に理解した人の前に、罪人を連れてきたとしましょう。その人は、罪人に対してどんな態度をとるでしょうか。キリスト者であろうとしているすべての人が、この罪人の重い罪を告発するとしても、本当のキリスト者は言うでしょう。「この人がそれを行ったのかどうかについて、君たちが何を糺そうとしているとしても、『私である』が尊重されねばならない。すべては、キリストの霊そのものの法則である偉大なカルマの法則に委ねられねばならない。キリスト自身の手に委ねられねばならない」。

カルマは地球紀の進化の過程で遂行されます。カルマがどんな罪を人間に課すのかは、進化そのものに委ねられるべきことです。私たちは多分、大地に身をかがめ、告発者たちに言うでしょう。「自分自身のことに心をわずらわせればいい。罰を与えるのは、大地の役割だ。だからカルマが書き記されている大地の中に、われわれもそれを書き記そう」。

イエスはオリーブ山へ行かれた。朝早く、ふたたび神殿の境内に入られると、民衆が皆、御自分のところにやって来たので、座って教え始められた。そこへ、律法学者たちやファリサイ派の人々が、姦通の現場で捕らえられた女を連れて来て、真ん中に立たせ、イエスに言った。「先生、この女は姦通をしているときに捕まりました。こういう女は石で打ち殺せと、モーセは律法の中で命じています。ところで、あなたはどうお考えになりますか」。イエスを試して、訴える口実を得るために、こう言ったのである。イエスはかがみ込み、指で地面に何か書き始められた。しかし、彼らがしつこく問い続けるので、イエスは身を起こして言われた。「あなたたちの中で罪を犯したことのない者が、まず、この女に石を投げなさい」。そしてまた、身をかがめて地面に書き続けられた。これを聞いた者は、年長者から始まって、一人また一人と、立ち去ってしまい、イエスひとりと、真ん中にいた女が残った。イエスは、身を起こして言われた。「婦人よ、あの人たちはどこにいるのか。だれもあなたを罪に定めなかったのか」。（八章一－一〇）

彼は一切の「外からの裁き」を内なるカルマに転じるために、こう語るのです。

女が「主よ、だれも」と言った。（八章一一）

彼女は彼女のカルマに委ねられたのです。大切なのは、カルマの中で成就される罰を考えることではなく、より良くなることを考えることなのです。

イエスは言われた。「わたしもあなたを罪に定めない。行きなさい。これからは、もう罪を犯し

てはならない」。（八章一二）

このように、カルマの理念は、キリストの最奥の理念と、大地にとってのキリスト存在の意味と深く結びついているのです。「君たちが私の本性を理解したなら、私が表現する本質を、『私である』による清算をも理解したのだ」。独立性と内的な一貫性、これこそキリストが衝動として人間に与えたものなのです。

今日の人は、真の内的キリスト教を理解できなくなっています。しかし人びとがヨハネ福音書のような書物を学ぶなら、そこに存する衝動をも次第に受容するようになるでしょう。そしていつか遠い未来に、キリストの理想が実現されるようになるでしょう。

こうして、後アトランティスの時代に、高次の人間を発達させる最初の衝動が地上に流れ込むのです。

明日は、この後アトランティス期におけるキリスト原則との関連で、人間の進化を学ぼうと思います。そこから出発して、未来におけるキリスト存在の意味を考えたいと思います。

第八講

キリスト原則から見た人間の進化

（一九〇八年五月二七日）

後アトランティス期の人間

ヨハネ福音書の意味をより深く理解するには、さまざまな側面からのアプローチが必要です。これまでも私たちは、人間の進化を取り上げ、その進化の中にキリスト原則を見出すために、多様な内容を相互に関連づけてきました。それでは、なぜキリストは、進化のこの時点で、人間となって現れ、地上を遍歴したのでしょうか。このことを理解するためには、これまでの講義ですでに述べた後アトランティス期における人類の進化にあらためて眼を向けなければなりません。

繰り返して述べたように、私たちの祖先は遥かな昔、西方の彼方にあったアトランティス大陸に住んでいました。その大陸は、今では大西洋（アトランティスの海）の中に没しています。一昨日はこのアトランティス期の祖先たちの外形がどんな様子をしていたかを示唆いたしました。人体は少しずつ、ゆっくりと今日のような体形をとるようになりました。アトランティス期の最後の時代になってはじめて、人体はほぼ今日の形姿に似てきました。しかしたとえ外から見たところではそれほど違わなかったとしても、アトランティス期の三分の二が経過した頃の人間は、まだ現在の人間と本質的に異なっていました。

今日の人間と高等動物とを比較してみると、人間がどれほど進歩を遂げたのか、よく理解できます。何によって人間が他の高等動物と本質的に区別されるのかは、いろいろ説明できるでしょうが、どんな動物も、この物質界においては、物質体、エーテル体、アストラル体から成る存在であり、この三つの存在部分が動物の本質を決定しています。物質界において、動物の物質部分だけが単独で現れることはありません。エーテル部分、アストラル部分のすべてを超感覚的世界に求めるのは、大きな誤りです。もちろん、身体の諸感覚は、物質界に物質的なものを知覚することしかできませんが、物質界に物質的なものだけしか存在しないからそうなのではありません。動物の場合、物質界にエーテル体とアストラル体も存在しています。見霊能力のある人は、このエーテル体とアストラル体を見ています。しかし動物の自我に到ろうとするなら、物質界に留まることはできず、アストラル界へ赴かなければなりません。動物の集合魂または集合自我は、そこで働いています。人間と動物の相違は、人間の場合、自我がこの物質界の中にも存在していることにあります。人間は、物質界において肉体、エーテル体、アストラル体、自我から成り立っているのです。たとえ肉体以外の三つの高次部分は、見霊意識にとってのみ認識されるのだとしてもです。

さて、人間と動物のこの相違は、見霊的な観点から、別様に語ることもできます。見霊能力者が馬を観察しますと、鼻面の伸びた馬の頭部の外に、エーテル体の突出部分をも見てとるでしょう。馬の物質体頭部の上方に、エーテル体頭部が突き出ており、しっかりした組織体を表しています。馬の場合、頭の物質体部分とエーテル体部分とは合致していません。一方、現在の人間の場合、頭のエーテル体部分は、肉体部分と大きさも形もほぼ同じで、この点で、象は特にグロテスクです。象のエーテル体部分は目立って大きいのです。ですから、見霊的に見ると、象はまったくグロテスクな動物です。

人間の肉体頭部とエーテル体頭部は一致していて、大きさも形もほぼ同じですが、しかし常にそうだったのではありません。アトランティス期の三分の二が経ったあと、そうなりました。それ以前のアトランティス人は、エーテル体頭部を力強く肉体頭部の上方に突き出していましたが、その後次第に重なり合うようになったのです。脳には、眼の近くに、一つの点があります。それは現在、エーテル体の頭の一点と重なり合っていますが、この二つの点は、太古には分かれていました。エーテル体の点は、脳の外にありました。この重要な二つの点が結び合わされ、一つに重なったとき、人間は自分に向かって、「私」と言うようになりました。そこに、私たちが昨日「意識魂」と呼んだものが現れたのです。人間のエーテル体頭部と肉体頭部とのこの一致によって、人間の頭は顕著な仕方で変化しました。実際、それまでの人間の頭は、現在の人間の場合とはまだ本質的に違って見えていたのです。

どのようにして人体のこの進化が可能になったかを理解しようとするのなら、アトランティスの外的環境にも眼を向けなければなりません。

アトランティス期の環境と民族移動

ヨーロッパの西の彼方にあった太古のアトランティスに身を置くとすれば、現在のような雨と霧と空気と日光を体験することはなかったでしょう。スカンディナヴィアの西方に位置していたアトランティス北部は、その当時特別深い霧に覆われていました。現在のアイルランド以西に居住していた人たちも、雨と晴れの区別ができぬくらい、常に霧に包まれていました。アトランティス大洪水の時期に、大気中の霧が切れ、大地に雨となって降りそそぎました。それ以前は、アトランティス全土を隅々まで探索したとしても、虹という見事な自然現象に出会うことはなかったでしょう。虹は、雨と晴れが今日のようにはっきりと区別できたときでなければ生じません。

アトランティス大洪水以前には、虹は現れませんでしたが、その後次第に、虹の現象が気象上可能となったのです。一方でこのことを私たちが霊学を通して学び、もう一方でさまざまな神話伝説の中で大洪水について述べられていること、ノアが大洪水のあと初めて虹を見たことを思い出すなら、宗教文献がどんなに真実であり、一言一句真実であるかを知る手がかりになるでしょう。このようにしてオカルティズムを深く把握できれば、宗教文献の一言一句の意味を読み解くことができるようになります。もちろん、そのためには、あらかじめ文献学上の研究が不可欠なのですが。

アトランティス期が終わる頃、外的、内的状況がもっとも好ましかったのは、今日のアイルランド近くの地域でした。現在その地域は水没していますが、当時は特別好条件の下にありました。そこにはアトランティス諸民族中、もっとも優秀な民族が住んでいました。この民族は自由な自己意識を発達させる素質を、もっともよく備えていました。神智学の文献で「原セム人」と呼ばれるこの民族の指導者は偉大な秘儀参入者でしたが、彼はこの民族の中からもっとも進歩した人びとを選び出して、東方へ連れていきました。ヨーロッパを超え、アジアのチベット地方へ行きました。その人びとは、比較的少数ながら、アトランティス人の中でも特に霊的に進歩した人びとでした。

アトランティス末期になると、アトランティスの西部地方が次第に水中に没し始め、ヨーロッパが次第に現在の姿をとるようになりました。アジアでは、広大なシベリア地方がまだ海水に覆われておりましたが、アジアの南部は、現在とは別な姿ですでに存在していました。あまり進歩していない民族の群れの一部分が、西から東へ移動してきて、この中核的民族部分に加わりました。或る群れはさらに移動し続け、他の群れはあまり遠くまでは行きませんでした。ヨーロッパの原住民たちの大部分も、アトランティスから移ってきたのです。

古インド文化

さて、この民族移動には、すでに以前から定住していた諸民族、アトランティスの諸地域から移ってきた諸民族、太古のレムリアからアジアに移ってきた諸民族が加わりました。こうしてさまざまな能力とさまざまな精神性をもった民族の群れが、ヨーロッパとアジアの各地に定住するようになったのです。偉大な指導者に導かれたあの少数の人びとは、可能な限りの精神性を獲得するために、彼方のアジアに居住しました。この居住地から文化の諸潮流が、さまざまな地方へ、さまざまな民族の中へ流れ込みました。

最初の文化潮流は、あの偉大な指導者が送り込んだ使節団です。彼らはインドの地に、私たちが「古インド文化」と呼ぶものを創り出しました。ここで取り上げる「古インド文化」は、ヴェーダの見事な諸文献の中にその痕跡が残されているあのインド文化のことではありません。伝統を通して今日まで伝えられているインド文化なのではありません。すでに知られているインド文化のすべての生じる以前に、それよりも遥かにすばらしいインド文化が先行していたのです。それはあの偉大な聖仙（リシ）たちの文化でした。

後アトランティス人類のこの最初の文化は、人類最初の宗教文化でした。それ以前のアトランティス諸文化は、言葉の本来の意味においては、宗教文化ではありません。「宗教」は基本的には、後アトランティス期に特有のものです。なぜでしょうか。

アトランティス人の意識

一体、アトランティス人はどのような生き方をしていたのでしょうか。エーテル体頭部がまだ肉体頭部の外にあることによって、太古の薄明るい見霊能力がまだ失われずにいました。夜、肉体から離れた人間は、霊界に参入していました。昼間、肉体に沈潜していたときの人間は、物質界で物質的な諸事物に取り巻かれていましたが、夜は或る程度まで霊界の諸事象を見ていたのです。

アトランティス期の中葉もしくは初めの三分の一の時代の人間が朝目覚め、アストラル体が肉体とエーテル体の中に入ったとき、周囲の物質界は、現在のように、はっきりと輪郭づけられてはいませんでした。当時の人の眼には、霧に包まれた都会の街灯が夜、色彩のオーラに包まれているように、外界は輪郭がぼやけ、色光に包まれていました。けれどもその代わり、後アトランティス期におけるような、明るい昼の意識と暗い夜の意識との鋭い区別はありませんでした。アストラル体は夜、エーテル体と肉体とから抜け出ましたが、エーテル体の一部分がそのアストラル体と結びついていましたので、その限り、霊界がそこに映し出されていました。人間は、常に薄明るい見霊能力を働かせて霊界の中に生き、周囲に霊的本性、霊的事象を見ていたのです。

神話とは何か

ゲルマン神話を論じた現代の書物を読んでみると、グリーンのマットを敷いた文机から、学者たちが皆さんに次のように語りかけています。――「かつての人びとは、民族幻想に駆られてこんなことを創作したのだ。ヴォータン、トールその他の神々は、自然力の擬人化だと言える」。

多くの神話理論が、民族幻想について語っています。こういう言葉を聞かされると、学者たちはゲーテの『ファウスト』に出てくるホムンクルスのようで、レトルトから産み出されて、本当の人間を見たことが一度もないのではないか、とさえ思えます。なぜなら、民族を本当に知っていれば、民族幻想について語ったりはできないはずだからです。神話は、太古の人びとが見霊的な仕方で、本当に見た出来事の思い出に他ならないのです。ヴォータンは実在したのです。人びとは夜、霊界で神々の下に生き、今日の人びとが血肉をもった同胞たちと出会うのと同じように、ヴォータンやトールと出会ったのです。素朴な人びとが当時薄明るい見霊能力で見ていたものが、神話、特にゲルマン神話の内容となったのです。

ヨーロッパに対するアトランティスの影響

当時、西から東へ、後のゲルマニア地方へ移ってきた人びとは、多少なりとも見霊能力を備えており、少なくとも或る瞬間には、霊界を見ることができました。至高の秘儀参入者が弟子たちを連れてチベットへ赴き、そこからさらにインドへ出かけて、後アトランティス期最初の文化居留地を築きましたが、一方、ヨーロッパにも、秘儀を通して霊的な能力の育成を図った秘儀参入者たちが留まって、民族を指導しました。これらの民族の秘儀は、たとえばドルイド教やドロット教と呼ばれています。今日の人は、これらの教えや秘儀の内容については、何も知りません。知っていることは、空想の産物にすぎません。ドルイド教の場合、あるいはドロット教秘儀の行われていた西ロシアやスカンディナヴィア地方においては、常に数多くの人びとが霊界のことを知っていました。ヴォータンのこと、バルドゥルとヘドゥルの間に生じた出来事のことを物語る人は、知らないことを語ったのではありません。多くの人は、特別な意識状態の中で、みずからこのような出来事を体験していました。そしてその体験をもたなかった人びとは、信頼できる隣人たちからその話を聴いたのです。

ヨーロッパのどこにおいても、アトランティス時代の思い出が生きいきと残っていました。一体、どのような思い出が残っていたのでしょうか。人間と霊界もしくは天界との自然な共同生活の思い出がです。人間はいつでも霊界へ赴くことができ、その中で生きることができました。つまり霊界の実在を、特別な宗教を通して示唆する必要などなかったのです。一体、宗教とは何でしょうか。宗教とは物質界と霊界との「結合」のことです。当時の人びとは、霊界と特別に結合する必要などありませんでした。霊界はひとつの経験世界だったのです。牧場の花々、森の動物たちの存在を、誰に言われなくても、自分で見て信じることができるように、アトランティス人は宗教からではなく、自然な仕方で神々や霊たちを体験し、信じました。

人類は進歩を遂げるにつれて、明るい昼の意識を獲得するようになりました。後アトランティス期は明るい昼の意識を獲得するための時代なのです。そして人類はそれを、太古の見霊意識を放棄することで獲得したのです。未来の人類は、現在の明るい昼の意識を失うことなく、見霊意識をふたたび獲得するでしょう。

ヨーロッパにおける祖先たちの思い出は、神話伝説の中でさまざまに生きています。けれども、後アトランティス期における進歩の本質は、奇妙に聞こえるかもしれませんが、太古の見霊能力を失ったことにあるのです。ギリシア＝ローマ期から近世への進歩とは何を意味しているのでしょうか。昼の眼をもつこと、太古の見霊能力を失うこと、を意味しているのです。偉大な秘儀参入者が彼の導く小集団を遠くアジアにまで連れていったのは、まだ太古のアトランティス民族の段階に立っている人びとの影響を受けないですむようにするためでした。この小集団の中では、人為的な仕方でオカルト修行をした人たちだけが、高次の世界へ参入できたのです。

後アトランティス時代の始まりをなす古インド文化期の人間の場合、かつての神霊界との共同生活から神霊界への憧れだけが残りました。霊界への門は閉ざされ、憧れだけがあとに残ったのです。伝説の語るところによれば、当時の人間は、ほぼ次のように感じていました。――「以前、私たちの祖先は霊界に参入し、神霊たちと共に生き、深い霊的現実の中に包まれていた。私たちもそうできたらよかったのに」。

古インド期における秘儀参入の道は、この憧れに応えたものでした。その道は、失われたものへの憧れから発して、以前の状態に立ち戻るために、やっと獲得できた明るい昼の意識から、特定の時間、離れるのです。ヨーガの技法は、自然的な発展の過程で失ってしまったものを、人為的にふたたび獲得するための、古インド期における秘儀参入の方法です。

エーテル体の頭を肉体の頭の上に大きく突き出していたアトランティス人の場合、その頭部にはアストラル体も突き出ていました。頭部のエーテル体は、その大部分がまだアストラル体と結びついて、この部分のエーテル体にアストラル体の体験が刻印づけられると、それによって、その体験が意識化されました。

アトランティス末期になると、頭のエーテル部分は肉体の頭部の中にすっかり入り込んでしまい、夜になるとアストラル体がエーテル体から完全に抜け出ましたから、秘儀に参入するためには、エーテル体を人為的に肉体から引き離さなければなりませんでした。つまり、一種の死の眠りを三日半続けさせなければなりませんでした。エーテル体を肉体から抜け出させて、アストラル体の体験を、肉体から離れたそのエーテル体に刻印づけるのです。そうすると、エーテル体がふたたび肉体の中に戻ったとき、霊界で体験したことが意識できたのです。

これが当時の秘儀の技法、ヨーガによる秘儀参入の技法でした。この秘儀参入から生み出された文化の余韻は、後世のインド文化の中に見出せます。その余韻が、真理、現実、本質は霊界にのみあり、その霊界に参入するには、物質的、感覚的な世界から離れなければならない、という気分を生じさせたのです。現在は、鉱物界、植物界、動物界の中で生きているけれども、そこで人間を取り巻いているものは、真実のものではなく、外的な仮象にすぎない。人間は太古の真実を見失い、現在は仮象と幻想と錯覚の世界に生きている、という気分です。

こうして古インド文化にとって、物質界は幻想の世界になりました。私たちはこのことを、灰色の理論としてではなく、当時の人の文化感覚に従って理解しなければなりません。聖なる存在でありたいと願った太古のインド人たちにとって、幻想の世界には価値がありません。彼らにとって、物質界は幻想にすぎないのです。この物質界から離れ、ヨーガによって、アトランティス期の祖先たちがそこになお生きていた世界に、ふたたび生きることが許されるとき、真実の世界が開かれるのです。

古ペルシア文化

後アトランティス人類期の進歩の意味は、人間が次第に物質界の価値と意味を評価できるようになることにあります。その意味で古インド文化よりもさらに一歩先へ進んでいる第二文化期は、古インド期と同じように先史時代に属しますが、後世になってからこの文化地域に住んでいた諸民族の名にちなんで、「古ペルシア文化期」と呼ばれています。ですから後のペルシア文化のことでなく、ペルシア地域における先史文化のことなのです。当時、エーテル体を肉体から引き離すことはますます困難になりましたが、まだそうすることは、不可能ではありませんでした。そしてイエス・キリストの時までは、一定のやり方で、そうしてきました。

古ペルシア文化期の人は、その生活気分と感情内容において、古インド期から本質的に区別されます。古インド文化期の人とは異なり、錯覚、幻想の世界を価値ある何かとして評価するようになったのです。インド人は幻想から逃れることに喜びを感じたのですが、ペルシア人はこの幻想世界の中で敢えて働こうとしたのです。ペルシア人にとって、幻想は、なお敵対的な何かだったのですが、後のオルムズトとアハリマンとの戦いの場として、克服すべき何かとして受けとられたのです。この戦いの場の中で、人間は、物質を支配する悪しき神々と戦う善き神々の側に与《くみ》するのです。このことから、当時の生活気分が生じました。この世の現実は、まだ愛すべきものではありませんでしたが、古インド人の場合のように、そこから逃れようとはしなくなりました。この世を、課題に応えて働く場所と見なすようになったのです。人びとは、物質界を征服するための一歩を歩み始めたのです。

第三文化期

ついで第三の文化段階に至り、次第に歴史時代に近づいてきます。この段階を、神智学は「カルデア＝バビロニア＝アッシリア＝エジプト文化期」と呼んでいます。これらの文化地域はすべて、偉大な指導者たちの指導の下に送り出された人びとの居留地として始まりました。最初の居留地は古インドの文化を、第二の居留地は古ペルシア文化圏を創始しました。そして第三の文化潮流は、さらに西方へ向かい、バビロニア＝カルデア＝アッシリア＝エジプト文化の土台を創ったのです。このことによって、物質界を征服する上で、人びとはさらに重要な一歩を進めました。物質界は、ペルシア人にとっては、粗大で未加工の対象であり、そこで働こうと思うなら、霊界の善き霊たちと共に、そこに働きかけなければなりませんでした。しかし今、この物質界は、ますます身近なものになったのです。

後アトランティス期の最大の業績のひとつと目される、カルデア天文学のことを考えて下さい。星々の運行についての諸法則がどれほど深く探究されたか、見て下さい。古インド人は天空を眺め、「星々がどのような動きを示そうが、そこにどんな法則が働いていようが、そんなことは調べる値打ちがない」と思っていました。

第三文化期の人にとって、そのような諸法則を研究することは、すでに非常に重要でした。エジプト文化期に属する人たちにとって、土地の空間関係を把握するために、幾何学を作り上げることは非常に重要でした。幻想であった世界を調査するために、外的な科学が生じました。人びとは、神々の考えを知ろうとしました。その考えが書き込まれている物質界という「神々の文書」と自分の知的作業との間に、関連を見つけなければならない、と感じたのです。エジプト＝カルデアの国家体制は、現代の国家体制とは異なります。当時の国家の指導者たちは、天体運行の法則を知り、宇宙万物の対応という事実を理解していました。星々の運行を研究し、天で生じることと地で生じることとの間には、調和が存在している、と考えていました。天上の出来事に従って、地上で何が生じるかを理解していたのです。第四文化期に属する「ローマ時代」の初期の人びとでさえも、地上の出来事が天体の運動に対応していることを、まだ知っていたのです。

古代の秘儀においては、来るべき時代にどんなことが現れるかを、ずっと以前から予知していたのです。たとえば、秘儀の叡智に参入した人びとは、ローマ史の出発点に、今後アルバロンガ地方に多くの重要な事件が生じるであろう、ということを知っていました。そのことは、祭司の叡智が古代ローマの文化を規定していたことを、象徴的に示しているのです。「アルバ・ロンガ」とは長い祭服のことです。ですから、この古い地域の中に、未来の歴史を規定する諸事件が、祭司によって予め組み込まれていたのです。七つの時代が相前後して続くに違いない、と当時言われていました。人びとは、未来を七つの時期に分けて、歴史の見取り図をあらかじめ作っておいたのです。

七人のローマの王たちのことは、ローマ時代が始まる時点で、『シビュラの託宣』の中に書き記されていました。この王たちの中に、預言的に、歴史の経過が秘かに組み込まれていました。当時の人びとは、そこに書き込まれている通りに生きねばならない、と自覚していました。重要な事件に際しては、聖なる書物を繙《ひもと》いてみました。『シビュラの託宣』は、そのような聖なる書物として、大切にされ、秘密にされていたのです。

このように、第三文化期の人間は、物質の中に霊を組み込み、外界に霊を浸透させていきました。第三文化潮流としてのバビロニア＝カルデア＝アッシリア＝エジプト文化期の生成過程の中に、このことの歴史的な証拠が数限りなく隠されています。

第三文化期と現代との関係

当時と現在の私たちの時代との間に、どのような関係が存在しているのでしょうか。そのことを知らなければ、私たちの時代は理解できません。今日、利己主義と功利主義とが全盛期を迎えています。このことの本質が洞察できれば、この二つの時代がどんなに見事に関連し合っているか、理解できるのです。私はここで、このことを明らかにするために、ひとつの重要な関連を取り上げてみようと思います。

文化が現在のように利己主義的、没理想主義的であったことは、これまで一度もありませんでしたが、この傾向は、これからもますます強まっていくでしょう。実際、現在では霊性がまったく物質文化の中に埋没しています。近世の、特に十九世紀以降の偉大な発明発見のために、人類は厖大な精神力を消費しなければなりませんでした。電話、電報、鉄道などの中に、どれほど多くの精神力が込められていることでしょうか。世界の通商貿易の中に、どれほど多くの精神力が物質化され、結晶化されて存在していることでしょうか。ハンブルクで記入された小切手という紙片に基づいて、たとえば東京でまとまった額の金銭が支払われるためにも、実に多くの精神力が用いられているのです。

そこで次のように問いたいのです。――この精神力は霊的進化の意味で用いられているのだろうか。事情に通じている人なら答えるでしょう。君たちは鉄道を建設する。しかし君たちは、胃の要求に従うものだけを鉄道で運ぶ。君たち自身も、君たちの要求に応じるときだけに、鉄道を利用するのではないのか。

石を使って穀物を粉に碾《ひ》くのと、電報、蒸気船などを使って穀物を遠くへ運ぶのと、神智学の立場から考えて、違いがあると言えるでしょうか。厖大な量の精神力が、まったく物質生活の需要のために用いられてきたのです。その場合、人びとが成し遂げたことの意味は何なのでしょうか。おそらく、その意味は、神智学、つまり霊的真実を提供することではありません。人びとが電報や蒸気船を用いるのは、第一に、木綿をどれだけアメリカからヨーロッパへ運ぶのか等々のことです。つまり個人の欲求に応じた事柄です。人びとは個人の欲求の奥底にまで、物質化された人格の根底まで下降したのです。

とはいえ、一度はそのような利己主義的な功利主義が現れなければなりませんでした。なぜなら、それによって人類全体の進化の過程が、上昇の方向をとることができるようになるからです。

しかし、人間がこれほどにまで自分の人格へ関心を向けるようになったのは、一体何によることだったのでしょうか。何によって、人は自分を個々の人格であると感じるのでしょうか。誕生から死に到る地上生活において、人間が霊界に対立して、このように強く自分自身を感じとれるようになるのに、どんな準備がなされたのでしょうか。

第三文化期の人びとは、身体をミイラにして、死後長らく保持し続けようとしました。身体をミイラ化することで、形態を崩壊させないようにしようとしたのですが、それによって、現在における個人意識のためのもっとも重要な準備がなされたのです。現代に生まれ変わってきた人びとの個人感情は、個人の存在を確保しようとしたエジプト文化のいとなみの結果なのです。今日の人間の強い個人意識は、エジプト時代のミイラ化された身体の結果なのです。

ギリシア＝ローマ期

このように、人類の進化の過程は、すべて関連し合っています。エジプト人たちが死者の身体をミイラ化した結果、現代（第五文化期）の人びとが最大限の個人意識を持つようになりました。人類の進化の内部には、深い神秘が存在するのです。

このように人間は、ますます物質という幻想の中に埋没し、その物質を人間の働きで作り変えようとします。第四文化期である「ギリシア＝ローマ期」における人間は、自分の内的本質を外界の中へ持ち込みます。ギリシア人は、自分自身を物質形態の中で客観化してみせるのです。自分自身の形態をギリシアの神々の形姿の中へ写し込むのです。いかにみずからの個性を芸術の中に活かそうとしているかは、アイスキュロスの演劇の中から感じとることができます。当時の人は物質界の中に自分の模像を作り出すのです。

ローマ文化期の人間は、自分自身の模像を国家の諸制度として創り出します。今日の法律の起源を、ローマ時代よりもさらに古くにまで遡らせることは、非科学的な思いつきにすぎません。それ以前のものは、「ユス」（法）の概念とはまったく違うものです。なぜなら、外的人格としての人間という法概念は、ローマ時代以前にはまだ存在していなかったからです。古代ギリシアでそれに相当するのは、「ポリス」（都市国家）でした。人びとは自分を都市国家の一分肢と感じていました。現在の人間がギリシア時代のこの意識を実感することは、むずかしいでしょう。ローマ文化期になると、個々の人格が、ローマ市民として、法的にも認められるようになります。そのように、すべては段階を追って前進していくのです。そして人格がますます表面に現れると共に、物質界がますます人間によって征服され、人間はますます物質の中に深く沈んでいきます。

私たちの文化期は、ギリシア＝ローマ期のすぐ後に続きます。ですから、後アトランティス文化の第五期に当たります。そのあと、第六、第七文化期が続きます。第四文化期であるギリシア＝ローマ期は、ちょうど中間の時期に当ります。そして、後アトランティス文化のこの中間期に、イエス・キリストが地上に現れたのです。しかしこの出来事は、後アトランティス期の第三文化期に準備されました。この世のすべては、準備されなければならないのです。

第四文化期に地上の最大の出来事として現れるべき事柄のための準備は、第三文化期になされます。

第四文化期の人間は、自分の存在を超えて、自分を神々に似た存在にするほどにまで、人格を先へ進めました。ギリシア時代の人間は、自分自身の鏡像に従って、神々の世界を芸術として表現しました。国家においても同じことが繰り返されました。人間は物質を理解するところにまで降りてきました。物質幻想と霊との結婚にまで至ったのです。それは、人間が自分の人格を理解できるようになった時点でもありました。この時代は、神を人格として把握できた時代でした。地球に属する人間精神が人格になったのです。後アトランティス文化期のそのような中期だからこそ、神自身が人間となり、個的人格となって現れたのです。ギリシア人が神像彫刻の中に、自分自身の模像を創ったことを考えれば、当時生じた事柄がイメージできます。私たちがギリシア文化からローマ文化へ眼を向けるとき、まるでギリシアの神像がその台座から下りて、トーガ（ローマ時代の男性用の寛衣――訳註）をまとって歩き回っているかのようです。ローマ期の人びとは、とても儀式ばって見えるのです。

このように、人間は前進していきました。まず人間は、みずからを神の一部分であると感じました。そして自分自身を人格であると感じるところまできました。神でさえも人格であると考えました。神は下降して、人びとの間に、肉体をまとって暮らすようになったのです。

なぜイエス・キリストが人類進化のまさにこの時代に現れ、その秘儀がさらにどのように発展していき、その秘儀がどのように預言的に、以前の進化期の中に現れ、その秘儀がどのように預言的に、遠い未来の時代へ向けて働きかけているか、これについては、さらに次回にお話しいたします。

第九講

旧約の預言とキリスト教の発展

（一九〇八年五月二九日）

神智学の立場から、私たちがヨハネ福音書にどのような向き合い方をしているか、これまでの講義を通して理解していただけたと思います。霊界についてのなんらかの真理をこの古文献から得ようとするのではなく、現在の私たちが数学を、人類史の中で初めて、数学の特定分野を教示した古文献から離れても学ぶことができるように、私たちはどんな古文献からも離れて、霊界へ参入する可能性が存在している、と言いたいのです。たとえば学校で初等幾何を学び始める子どもたちは、ユークリッド幾何学のような、人類に最初に初等幾何を伝えた古文献のことを、何も知らなくてもいいのです。けれども、幾何を学習したあとで、そのような古文献に接するときには、ますますその内容に驚嘆することができるでしょう。この例は、私たちが霊的生活に関わる真実を、霊的生活そのものから獲得できることを示しています。そのような真実を発見したあとで、ふたたびそれを歴史文献の中に見出すとき、私たちはその文献を本当に評価できるようになるのです。

これまでの講義の中でも述べたように、そうだからといって、私たちにとってのヨハネ福音書の価値が失われることはありません。この古文献への敬意が、神智学の立場に立つ人の場合、初めからこの文献の立場に立つ人の場合よりも少ないとは決して言えません。普遍妥当的な叡智の教えであるキリスト教のもっとも深い教えが、ヨハネ福音書の中に示されています。この福音書の教えの深い意味が理解できたとき、なぜキリストがギリシア＝ローマ文化期のこの時期に人類進化の中に入ってこなければならなかったのかも、おのずと理解できるのです。

人間の意識の進化過程

これまで述べてきたことの繰り返しになりますが、後アトランティス期の人類は、次第に進化向上を遂げてきました。アトランティス大洪水後の古インド文化期の人びとの心情は、霊界への憧れと思い出に満たされていました。当時の人びとには、アトランティス大洪水以前の思い出が生きいきと存在していました。アトランティス期の人びとは、本質的に一種の暗い見霊状態の下で、霊界を見ていました。現在の人間が鉱物界、植物界、動物界、人間界を経験によって知っているように、霊界を経験によって知っていました。大洪水以前のこの時代にあっては、覚醒時の意識と睡眠時の意識との間に、まだはっきりとした区別がついていませんでした。夜眠ってからの内なる諸体験は、現在のように暗く、無意識的であったのではなく、昼間の生活の諸形象が消えると、霊的生活の諸形象が現れました。その時の人間は、霊界の諸事象と共に生きていたのです。

そしてその人間が朝になって、ふたたび肉体の中に沈み、神的、霊的な世界の諸体験、諸事実が暗闇の中に消えたとき、鉱物、植物、動物などの現在の現実界の諸形象がその人の周囲に立ち現れました。夜の無意識状態と昼の覚醒状態は、大洪水のあと初めて、私たちの後アトランティス期に生じました。この時期の人間が対象を知覚するときには、霊界から切り離されており、物質的現実の中に曝されて生きるようになりましたが、霊界というもうひとつの世界がある、という記憶だけはあとに残り、なんらかの例外的な状態を通して、人間の故郷であるこの霊界へふたたび上っていきたい、という憧れがこの記憶と結びついていました。しかしそのような例外状態を持つことができたのは、特別に選ばれた秘儀参入者たちだけでした。その人たちは、秘儀の場所で、内なる感覚を開発して、霊界を見ることができ、霊界が現実に存在することを、直接体験できなかった他の人たちのために、証言することができました。ヨーガは、古インド文化期においては、古い見霊状態へ立ち戻る過程でした。秘儀に参入できた例外的な人物たちは、人類の指導者となり、霊界の証人となりました。

この憧れと思い出の印象の下に、ヴェーダ以前の古インド文化期の人びとの中に、外界の現実をマーヤ（幻影）と見る気分が生じました。その当時は、「真の現実は、霊界の中にしかないが、われわれはヨーガという例外的な状態によってのみ、その霊界へ帰ることができる」と思われていました。霊界は現実であり、肉体で見る世界は幻影だ、と考えられていました。

物質的現実の征服

これが後アトランティス期の最初の宗教感情でした。そしてヨーガは、後アトランティス期の最初の秘儀参入形式だったのです。

しかし、後アトランティス期の本来の使命は、私たちの感性世界という現実を幻影と見なして、そこから逃れることではなかったのです。後アトランティス期の人類の使命は、ますます物質世界を征服し、物質現象を自由に支配することだったのです。しかし初めて物質界に直面させられた人類が、それまでの霊的現実の中には現れたことのない、直接の知覚対象を、幻影であると見なしたことは、よく理解できます。しかし、物質界の現実を前にして、いつまでもこの気分を持ち続けることは許されません。後アトランティス期の人類は、一歩一歩、物質との関連を、さまざまな文化期を通して獲得していかざるをえません。

古ペルシア期の人びとは、古インド文化の原則から離れて、物質的現実を征服するための最初の一歩を進めました。まだどこにも、物質的現実の中に愛情をもって沈潜する態度は見られず、物質を研究しようとする態度も見られません。しかし古インド文化期におけるよりは、この態度により近づいていきました。

古インド期の文化からでは、私たちの現代文化は決して生じなかったでしょう。古インド文化期においては、すべての叡智が物質界を離れて、記憶の中に存する霊界の方を向いていました。物質に働きかけたり、それを研究したりすることには、価値が認められませんでした。ですから、本来のインド原則では、地上生活に有用な科学を作り出すことは、決してできないのです。この原則が私たちの現代文化の基礎をなす自然法則の研究を生じさせることは、不可能でした。幻影にすぎない世界の法則をいくら学んだからといって、それが何になる、と思われていたのです。後には、インド文化の中にも、別の在り方が生じましたが、それは外来の文化の影響によるものだったのです。

古ペルシア文化の場合、外なる物質界は、作業場として存在しています。物質界はまだ敵意を持つ神の表現として現れていましたが、しかしすでに、この物質的現実を、光の神の助力を得て我がものとなし、善き神々の力に浸透させることができる、という希望が生じたのです。ですから、ペルシア文化の担い手は、物質界の現実性を感じ始め、まだそれを闇の神の領域であると思っていましたが、その中に善き神々の力を組み込むことができる、という希望を持っていました。

そして人類は、さらに、バビロニア＝アッシリア＝カルデア＝エジプト文化期に到ります。すでに見たように、人びとにとって、星空はもはや幻影ではなく、それを文字として読むことができました。インド人が幻影と見なした星々の輝きやその運行の中に、この第三文化期の人びとは、神霊存在の助言や意図を読み取ったのです。次第に人びとは、外なる現実が幻影ではなく、神的存在の啓示であり表明である、と思うようになります。エジプト文化においては、星々の文字から読み取ったものを、大地の区分けに用い始めます。なぜエジプト人は、幾何の法則を見出したのでしょうか。なぜなら、土地を分割するときに用いた思考内容が物質を支配できる、人間精神は物質を理解し、それを作り変えることができる、と信じたからです。このようにして、人類は次第に物質界と人間精神との関わりを深めていきました。

さて、アトランティス期の終わり頃、人間は「私である」ことを感じ始めました。霊的な形象を見た人びとは、自分も霊界に属しており、みずからが霊的形象の中の一形象である、と感じました。こうして内なる霊を把握するようになります。以上、私たちは、これまでの講義で考察してきたことを繰り返しましたが、ここで、この考察に人間自身の内面の発達を結びつけてみましょう。

内面の発達

アトランティス期の人びとが、一種夢幻的な見霊意識で外を見る限り、自分の内面に注意を向けることはできません。「私である」ことで受けとめられる内面生活は、するどく輪郭づけられたような在り方をまだ示していません。霊界が消えるのに応じて、人びとは自分自身の霊性を意識するようになったのです。

古インド期の霊性には、独特の気分が現れていました。霊界に参入して、地上の幻想から超越しようとするには、霊界の中で自己を喪失しなければならない。可能な限り、「私である」自分を消し去り、万霊の中に、ブラフマンの中に同化しなければならない、と感じていたのです。特に秘儀参入に際しては、人格を放棄することが、当然のこととされていました。人格の放棄と霊界への同化とが、最古の秘儀形態を特徴づけていました。

第三文化期になると、もはやそのようなことはなくなりました。すでに、それまでの間に、人間の自己意識がますます発達していたからです。ますます自我の本性が意識化されるようになると、人びとは周囲の物質を愛するようになりました。人間精神が、薄暗い夢意識では不可能であるような仕方で、諸法則を考え出し、それをもって物質と深く結びつけばつくほど、人びとは自分の自我をますます発達させていきます。エジプト期には、人格意識の進化が、一定の頂点にまで達します。

しかしこの人格意識の中には、誕生以前の霊界と結びつく可能性のまったくない状態、外界に同化するしかない状態よりも、もっと根本的な何かが同時に現れていました。この点のいきさつを知るには、人類進化の二つの基本気分を心に思い描くことができなければなりません。

アトランティス期、古インド期の人間は、個人の人格を否定することができたらいい、と思っていました。アトランティス人はそうすることができました。毎夜、人格を捨てて、霊界に生きていることを、自明のことと思っていたからです。古インド人もそうすることができました。ヨーガによって、非人格的な状態に達することができたからです。遍在する神の中にやすらぐこと、普遍的な存在の中にやすらぐことを何よりも望んでいました。そしてそれが祖先との共属性の意識となりました。氏族の最後の一員として、祖先と血を共有している、という意識となって残ったのです。この気分は、神霊存在の中に庇護されている、というあの古い気分から生み出されたのです。

正常の進化を遂げた人びとは、第三文化期になると、自分を個人と感じ始めましたが、同時にその人びとは、自分が全体の中で、神霊の中で庇護されて生きており、祖先とは血によってつながっており、先祖代々流れ続けてきた血の中で、神が自分たちのために働いてくれている、と思っていました。すでに見たように、旧約を信じる民族の中で、この気分はひとつの成熟段階に達しました。「私と父アブラハムはひとつである」というのは、各個人が、父アブラハムにまで遡る関連の中に包まれて生きている、と感じることです。これは、第三文化期のすべての民族、すべての正常に進化した民族の基本的な気分でもありました。けれども、血を通して流れる神的祖先よりも、霊的にもっと深いものが存在していることを、預言的に語ることができたのは、旧約の信奉者たちだけでした。

私たちはこのことが預言的に語られた、偉大な歴史的瞬間のことを知っています。それはモーセが、『私である』という方がわたしをあなたたちに遣わされたと語れ」という呼び声を聞いたときのことです。そのとき初めて、ロゴスであるキリストが啓示されたのです。そのとき初めて、神が血の結びつきの中だけに生きているのではなく、純粋に霊的な存在としても生きている、という告知がなされたのです。このことが預言として、旧約聖書の中に響いています。

預言者イザヤ

一体、その当時、モーセに自分の名を初めて明かしたのは、誰だったのでしょうか。この点にしばらくこだわってみたいのです。そこでふたたび、ヨハネ福音書の中で、解釈者たちがまったく皮相的にしか言及していない箇所を取り上げてみましょう。「私である」という名にふさわしい存在は、誰だったのでしょうか。正しく、真剣にヨハネ福音書の或る箇所を読めば、そのことが分かります。それは一二章三七節以下です。その箇所でイエス・キリストは預言者イザヤの言葉の実現にふれ、ユダヤ人がイエス・キリストを信じようとしない、と語っています。

イザヤはまた次のように語っている。「神は彼らの目を見えなくし、その心をかたくなにされた。こうして、彼らは目で見ることなく、心で悟らず、立ち帰らない」。イザヤは、イエスの栄光を見たので、このように言い、彼と共に（新共同訳では「イエスについて」――訳註）語ったのである。

イザヤは「彼と共に語った」というのです。一体イザヤは、誰と共に語ったのでしょうか。イザヤ書の次の一節がそれを暗示しています。

ウジヤ王が死んだ年のことである。わたしは、高く天にある御座に主が座しておられるのを見た。衣の裾は神殿いっぱいに広がっていた。（イザヤ書六章一）

イザヤは誰を見たのでしょうか。彼がキリストを見たのだということを、ヨハネ福音書のこの箇所がはっきりと語っています。キリストは霊的には、常に見ることができる存在でした。ですから、「私である」が自分の名前である、と語った存在をモーセが見たとき、その存在は後にキリストとして地上に現れた存在のことだったのです。皆さんは神智学がこのように述べるのを、もはや理解できないとはお思いにならないでしょう。

古代における本来の「神霊」とは、キリストのことに他なりませんでした。ここで私たちは、古来の宗教文献中、正しい読み方をしない限り、理解するのが特別困難な箇所のひとつの前に立っているのです。なぜなら、私たちは「父」と「子」と「聖霊」という三つの言葉を、ひどく取り違えてしまいかねないからです。本来の秘教的な意味がただちに明かされることはありえませんから、この三つの言葉は、顕教的に極めて多義的な用い方をされてきました。古代ユダヤ教の意味で「父」について語る場合、その父とは、諸世代の血を通して流れるあの父のことです。イザヤのように、霊的な啓示を通して「主」について語る場合は、ヨハネ福音書におけるように、ロゴスのことを語っています。ヨハネ福音書の作者が語ろうとしているのは、霊視できたその存在が、肉となって私たちの下に住まわれた、ということに他なりません。

自我の客体化

旧約聖書もキリストについて語っていたことが分かると、人類史における古代ヘブライ民族の役割についても、理解できるようになるでしょう。

古代のヘブライ原則は、エジプト文化から生じました。それはエジプト原則という背景から立ち現れたのです。昨日述べたように、後アトランティス期の正常な進化過程は、第一文化期の古インド期に始まり、第二期の古ペルシア期、第三期のバビロニア＝アッシリア＝カルデア＝エジプト期、次いで第四期のギリシア＝ラテン時代に到り、そして第五期が現在の私たちの文化期です。

第四期が始まる以前、第三期の中から秘密に包まれた支流であるかのように、キリスト教の地盤を用意する民族とその伝統とが現れました。これまでの講義の中で述べてきたことをすべてまとめて考えますと、キリストの出現が、第四文化期においてでなければならなかった理由が理解できるでしょう。

すでに述べたように、第四文化期において、人間はみずからの霊性、みずからの自我を客観化して、世界の中に定立するところにまで来ました。次第に物質にみずからの精神、みずからの自我を浸透させていくのです。古代ギリシアの彫刻家、戯曲作者たちは、みずからの魂の特質を具象化して、人びとの魂の前に提示しました。さらにローマ期になると、たとえ面倒な法律学がその本質を覆い隠しているとしても、人間の尊厳を外なる世界の前に「法」として具体化して見せるのです。

法律に通じている人なら、人間を法の主体であるとする、本来の「法」が、第四文化期になってはじめて可能となったのを、当然のことと思うでしょう。人間はみずからを本来の市民（公民）であると感じるまでに到りました。そのようにして、みずからの人格を意識化するようになったのです。まだ古代ギリシアにおける個人は、自分のことを都市国家全体の一分肢であると感じていました。一個の人間であることよりも、アテネ人であることの方が重要でした。「私はアテネ人だ」と言うのと、「私はローマ人だ」と言うのとでは、意味がまったく違うのです。「私はローマ人だ」と言うときには、個人として、一個の公民としての存在価値を持ち、独自の意志を持っていることを示唆しています。「遺言」という概念も、この時代に生まれたのです。死後にも自分の意志を行使したいと思うくらいにまで、人びとはみずからを人格化し、個体化したのです。

ギリシアの建築空間

このようにして、人間はますます物質にみずからの霊を浸透させました。時代が下るに従って、その傾向はますます顕著になりました。第四文化期の人びとは、自分の精神を残りなく物質の中に具現しようとしたのです。エジプトのピラミッドの場合の精神と物質は、まだ互いに格闘しています。精神は、まだ物質の中で、完全に表現され尽くしてはいません。一方、ギリシア神殿は、後アトランティス時代における最大の転換点を表現しています。このことを踏まえて考えれば、内的な空間法則性のもっとも純粋な表現であるギリシア建築以上に有意味な、それ以上に完成された建築など、とても想像できないでしょう。

円柱は完全な支持体になっています。そして円柱の上にあるものは、完全に担われるべきものとして、荷重体として感じとられています。崇高な、そして心を自由に解放する空間思想が、ギリシア神殿においては、究極まで考え抜かれ、遂行されているのです。後世の人で空間を当時のように感じとった人はあまりいません。空間を芸術的に感じとることのできる人は、もちろんおりましたが、それを絵画的に感じとっていたのです。どうぞシスティーナ礼拝堂の空間を観察して下さい。「最後の審判」の大画面のある背後の壁画に身を寄せて、空間を見上げてみて下さい。その背後の壁がどんなに斜めに傾いて、高みへ向かって延びているか、見て下さい。斜めに高く延びているのは、施工者が空間思想を感じとっており、他の人たちのように抽象的な考え方をしていなかったからです。だからこそ、この壁画はすばらしい角度で立っているのです。しかし、もはやギリシア人のような感じ方ではありません。

ギリシア人は空間の中にひそんでいる秘密の基準を感じとる芸術感覚を持っていたのです。構築的に感じとるというのは、眼のためにではなく、別の何かのために感じとるということです。右と左とを、上と下とを、前と後ろとを、今日の人は安易にも同じように考えています。どうぞ一度次のように考えてみて下さい。三人か四人か五人の天使が飛翔しているところを描いた絵があるとします。天使たちは今にも落下しそうに描かれているかも知れません。けれども、真の空間感覚を持っている人が描くとすれば、そのように描くことは決してないでしょう。天使たちは決して落下できないのです。なぜなら、天使たちは、互いに支え合っているからです。そのような場合、空間の力動的な関係を、絵画的に表現できなければならないのです。

ギリシア人はその関係を構築的に把握しました。水平線としてだけではなく、重圧力としても感じました。円柱を棒としてだけではなく、支持力としても感じました。このような仕方で空間上の線に共感をもつのは、「生きた精神を幾何学化して感じる」ことです。このことについて、プラトンは驚くべき表現を行いました。「神は絶えず幾何学化する」というのです。

空間の中に存在している、このような線に従って、ギリシア人は神殿を建てたのです。

一体、ギリシア神殿とは何なのでしょうか。それは神の宮居たらざるをえないような何かなのです。それは今日の教会堂とはまったく異なっています。今日の教会堂は、説教の場です。ギリシア神殿の中には、神自身が住んでいました。人びとは、神のそばにいたいと思ったときに、たまたまそこにいるだけでよかったのです。ギリシア神殿の形式を理解する人には、神殿の中に住む神との秘密に充ちた関わりが感じとれます。そのときには、円柱やその上にあるものの中に、人間の想像の産物を見るのではなく、神自身が住居を建てようとしたとすれば、建てたであろうようなものを見るのです。それは物質に精神を浸透させることにおいて、最高の作品だったと言えます。

ギリシア神殿とゴシック聖堂とを比較してみて下さい。ゴシックに反対して言うのではありません。事実、別の観点に立てば、ゴシック建築は最高の段階に立っています。しかしゴシック聖堂の場合には、敬虔な信徒たちなしには全然感じとることができないようなものが、その形態の中に表現されています。ゴシックのアーチの中に感じとることのできるものは、敬虔な信徒たちが中にいて、ゴシック・アーチの形に両手を合掌させるのでなければ、完全になりえないような何かです。ゴシック聖堂は神の宮居であるだけでなく、同時に神に祈りを捧げる信徒たちの集会所なのです。

人類はそのような仕方で、みずからの進化の頂上を乗り越えて、さらに先へ進みます。ギリシア的な建築空間の内部で、空間の線を、円柱やアーキトレーブを感じとったときの感覚は、後になると衰退してしまいました。支持体の働きではなく、装飾的なモティーフとして存在しているだけの円柱は、ギリシア的な意味では、円柱ではありません。人類の進化においては、互いに無関係なものはありません。ギリシア文化期においては、みずからの内なる人間意識と、外なる空間の中の神的なものとが、最高度に美しく浸透し合っています。この文化期においては、人間精神が物質的、感覚的な世界と完全に合致していたのです。

後アトランティス第四期の特徴

現代の学者たちがかつての時代に感じとられた事柄を、曖昧なままにしておこうとするのは、愚行としか言いようがありません。霊学の意味での後アトランティス第四期は、人間と周囲の環境世界とが完全に一致していた時代のことなのです。人間が外的現実と完全に調和していたこの時代でなければ、神的存在がひとりの個人の中に現れることは理解できなかったでしょう。それ以前でしたら、それ以外の神の在りようしか理解できなかったでしょう。神的存在が人間の形姿をとって現れるとはとても思えず、神とはもっとはるかに崇高な存在であるはずだ、と思ったでしょう。だからむしろ、神的存在に物質形姿をとらせまいとしたのです。だから、「あなたはいかなる像も造ってはならない」(出エジプト記二章四)のです。神の理念を、霊的な形姿の中で理解すべき民族には、そのように命じなければならなかったのです。この民族は、この言葉の意味する立場に従って、進化を遂げました。そしてキリストの理念、つまり霊的存在が肉となって現れる、という理念を育てました。ここにこの民族の使命があったのです。この意味で、キリストの出来事は、後アトランティス第四期に生じなければならなかったのです。

ですから、人類の進化全体は、キリスト者の意識にとっては、前キリスト時代と後キリスト時代とに分かれます。神即人間という概念は、特定の時代の人間にしか理解できなかったのです。ヨハネ福音書は、完全に意識的な仕方で、当時の時代意識に――世俗的な言い方になりますが――直接対応した語り方をしています。ヨハネ福音書の作者は、世界史最大の事件を理解することができるように、ギリシア思想の表現形式を、当然のこととして使用したのです。それ以後、キリスト教的感情は、ますますギリシア思想によってみずからを表現するようになりました。もちろんキリスト教は、ふたたび物質を越えていかなければなりませんでしたから、ゴシックのような文化が生じたのです。キリスト教は、物質の中に陥った人びとの下でのみ生じることができました。まだ現代ほどに物質を過大評価したり、その中に埋没してしまったりはしませんでしたが、物質に霊的な作用を浸透させることができたのです。

人類の霊的進化の全体を振り返ってみますと、キリスト教の成立は、まったく必然的な事件だったと思わざるをえません。次回の講義においては、その後のキリスト教がどんな姿をとるに到ったか、預言的にヨハネ福音書の作者がどんなキリスト教の未来について語っていたかをめぐって、本質的な考え方のいくつかを取り上げようと思います。

イエスの真の父と母

一言一句を文字通り受けとるように、と述べましたが、しかしまずそのためには、文字そのものが本当に分かっていなければなりません。「ヨハネ」という名前がどこにも述べられておらず、常に「主が愛した」弟子のことだけが出ているのは、どうでもいいことではありません。このことには深い秘密が秘められている、とすでにお話ししました。

ここではもうひとつ、別の言葉にも注意を向けてみましょう。それはキリスト教のその後の進化過程に直接結びつくことを可能にしてくれる言葉です。

ヨハネ福音書の中では、「イエスの母」という言葉がどのように語られているか、通常は見過ごされています。皆さんの周囲のキリスト教徒に、「イエスの母とは誰のことか」と聞いてみれば、「それはマリアのことだ」という答が返ってくるでしょう。それどころか、ヨハネ福音書の中でも、イエスの母がマリアと呼ばれている、と思い込んでいる人もいることでしょう。しかしこの福音書のどこにも、イエスの母は「マリア」という、とは記されていません。まったく意識的な仕方で、「イエスの母」とだけ記されています。カナでの婚礼の場合には、「イエスの母がそこにいた」（二章一）と記され、そのあとも、「彼の母が召し使いたちに言った」（二章五）と述べられています。彼の母は、決して「マリア」という名を持っていません。そして彼の母が救世主を十字架上に見上げるところでは、次のように記されているのです。

イエスの十字架のそばには、その母と母の姉妹、クロパの妻マリアとマグダラのマリアとが立っていた。（一九章二五）

簡単明瞭に、十字架のそばに立っているのは、イエスの母と、彼女の姉妹で、クロパの妻であるマリア、そしてマグダラのマリアだった、と記されているのです。少しでもものを考える人なら、これはおかしい、姉妹が二人ともマリアという名であるはずがない、と思うでしょう。実際、今日はそういう名づけ方をしません。

そして当時も、そういう名づけ方をしませんでした。ヨハネ福音書の作者は、イエスの母の姉妹をマリアと呼んでいますので、イエスの母がマリアでなかったことは明らかです。ギリシア語の原典でも、はっきりと、下に立っていたのは、「彼の母と、彼の母の姉妹で、クレパの妻だったマリアとマグダラのマリア」と記されています。

ですから、イエスの母は誰なのか、という問いが、どうしても生じます。そして私たちはここで、ヨハネ福音書の最大の問いのひとつに触れることになります。イエスの本当の父は誰なのか。本当のは母は誰なのか。

父は誰なのでしょうか。一体、そう問うことができるでしょうか。ヨハネ福音書の意味でだけでなく、ルカ福音書の意味でも、そう問うことができます。なぜなら、受胎告知に際して告げられる言葉に注意を向けようとしないのは、ひどい無関心ぶりだと言わざるをえないからです。

聖霊があなたに降《くだ》り、いと高き方の力があなたを包む。だから、生まれる子は聖なる者、神の子と呼ばれる。(ルカ一章三五)

ルカ福音書においても、イエスの父が聖霊である、と示唆されています。これは文字通り受けとられねばなりません。このことを認めない神学者は、福音書をまともに読むことができないのです。ですから、大きな問いを提出しなければなりません。私たちが今取り上げてきた事柄すべてと、「私と父はひとつである」「私と父アブラハムはひとつである」「アブラハムがいたときよりも前に、『私である』がいた」という言葉とは、どのような関連をもっているのか。福音書が「聖霊」の中に父の原則を見ているという、まぎれもない事実を、これらの事柄のすべてとどのように調和させることができるのか。そして、ヨハネ福音書の意味での母の原則をどのように考えたらいいのか。

以上の問い以外に、明日の講義のための良い準備ができるように、もうひとつ、ルカ福音書には一種の系譜が記されていることにも、ここで注意を向けておきたいのです。この福音書では、イエスがヨハネから洗礼を授かり、三〇歳になって教えを述べ始めたこと、そして彼がマリアとエリの息子ヨセフとの子であること等々が述べられています。そしてイエスの系図が続きます。この系図を辿ると、アダムにまで行きつきますが、さらにそこに非常に独特な言葉が続きます。「そして神に至る」（ルカ三章三八）。

息子から父への関係とまったく同じような仕方で、アダムから神への関係が記されているのです。このような箇所は、真剣に受けとめられねばなりません。以上で、明日ヨハネ福音書の中心問題に入っていくための問いが、ほぼすべて出そろったことになります。

第十講

キリスト衝動の働き

（一九〇八年五月三〇日）

「人種の進化」と七つの文化期

後アトランティス期全体に亙る進化の法則について考え、この進化の或る時点で、なぜキリストの宣教が始められたのかを理解しようとしてきました。

昨日は話のおわりに、ヨハネ福音書およびキリスト教そのものの重要な諸問題を理解するには、まさにこの進化の法則に、キリスト教秘教の意味で、よく注意することが大切である、と申しました。「聖霊」「イエスの父と母」のような言葉の意味を理解するためにも、このことが必要なのです。

これまでの話の中で述べたように、後アトランティス人類期、われわれもその中に属している人類期は、アトランティス大洪水のあと、七つの時期に分かれます。ここで私は意図して「人種」という概念を用いないようにしています。なぜなら、本来、「人種」という概念は、ここで問題にする事柄に対応していないからです。ここでは時代の区分を問題にしているのであって、人種の区分ではありません。人種の相違は、本来アトランティス進化期の余韻なのです。

アトランティス大洪水に先行する人類の進化も、七つの相前後する時期に分けられます。当時の人類は、その大部分が、今日のヨーロッパとアメリカの間に横たわっていたアトランティス大陸で進化を遂げました。当時の七つの時期についてならば、「人種の進化」という言い方もありえたでしょう。なぜなら、古アトランティス大陸における人類の七つの進化段階は、身体的にも、精神的にも、非常に異なっていたからです。身体的というのは、脳や血や体液などの内的形状も含みます。一方、後アトランティス時代になると、最初の古インド期の場合でも、当時の人びとが私たちと違っているとか、「人種」であるとかと言うことは、まったく論外なのです。

神智学の思想としての一貫性を守るために、「人種」という古い概念を用いる必要がしばしば生じますが、しかし、今日の人びとは、私たちの人類史を区分する動機が、「人種」という言葉で表現できる事柄よりも、はるかに内的であることを見逃しています。人種という言葉では、すぐに間違った考え方を誘導してしまいます。私たちの文化期のあとに来る第七期以後の文化期になれば、人種という表現はもはやまったく無意味になってしまいます。それからの人類期は、身体的条件とはまったく違った基礎条件に従って人間を区分することになるからです。

後アトランティス時代を、はじめに古インド期、第二に古ペルシア期、第三にバビロニア＝アッシリア＝カルデア＝エジプト期、第四にギリシア＝ラテン期、第五に現在の時代、さらに第六、第七の時代というように区分するときには、この新しい観点に立ってそうしなければなりません。

さて、私たちは、第五後アトランティス文化期を生きています。キリスト教は第四文化期において人類の進化に深く働きかけるようになりました。そして第五文化期においても、人類がそれに捉えられうる限りにおいて、働き続け、これからも働きかけることでしょう。

けれども昨日言いましたように、キリスト教は、すでに第三文化期に用意されました。エジプト文化は第三文化期に属します。この文化の母胎から、旧約の信仰がヘブライ文化を導き出し、そこからキリスト教が生まれ出て、第四文化期のイエス・キリストにおいて力を結集して、さらに私たちの第五文化期に働きかけています。そして次なる第六文化期へも働きを及ぼし続けるのです。そこで今、この働きかけがどのようになされてきたか、正確に理解しなければなりません。

肉体を自我の道具にする

人間存在の基本諸部分は、人類進化の過程で、さまざまな進化を遂げてきました。アトランティス期最後の時代のことを思い出してみましょう。すでに述べたように、当時はエーテル体の頭部が肉体の中に沈み込み、それによって、人間は自分に対して「私である」と言う最初の可能性を得たのです。アトランティス大洪水が起こったとき、すでに人間の肉体は、この「私である」の力に浸透されて、人間は、肉体を道具として自我意識、自意識のために用いることができたのです。

このことを厳密に理解するために、アトランティス文化期の中葉にまで遡りますと、自分から「私は私だ」とか「私である」とかと言えるような自意識を発達させた人は、まだひとりもいませんでした。そこに到るには、先程述べたように、エーテル体の頭が肉体の頭と結びつかなければなりません。大洪水によるアトランティス大陸の没落に到るまでに、人体は自我意識の担い手となるのに必要な脳その他の身体基盤を育成したのです。

そもそもアトランティス人の使命とは人間に自我を植えつけることでした。この使命は「大洪水」を超えて、私たちの時代にまで及んでいます。しかし後アトランティス文化期においては、別の事柄がすでに生じなければなりませんでした。徐々に、人間の中にマナス（霊我）が入ってこなければならないのです。後アトランティス期の第六、第七文化期を経験する頃の私たちは、すでに或る程度までマナスを発達させていることでしょう。けれどもこのマナスにふさわしい道具となるためには、長い準備が人間に求められます。そのために人間は、数千年の経過を通して、あらかじめ、本来の意味での「自我の担い手」とならねばなりませんでした。自分の身体を自我の道具にするだけではなく、他の存在部分をもそうしなければなりませんでした。

エーテル体、アストラル体の育成

後アトランティス第一文化期の人間は、肉体に加えて、さらにエーテル体をも自我の担い手にします。この文化の特質は、自我にふさわしいエーテル体をも持つ能力を獲得することにあります。したがってこの表では、最初の古インド文化期と並べて、エーテル体を記しました。(次頁図参照)

個人との関係でこれらの文化期の進化を辿るには、私が『神智学』で述べたような、人間の区分を根底に置かなければなりません。『神智学』では人間を肉体、エーテル体、アストラル体、自我に区分するだけでなく、感覚体・感覚魂、悟性魂、意識魂、さらに霊我、生命霊、霊人に分けています。これは「自我」という言葉でまとめている第四の部分をさらに分けたものです。人類の進化全体を見るためには、そのように区分されるべきだからです。

さて、古ペルシア文化期で育成されるのは、アストラル体または感覚魂です。これは人間本来の活動力の担い手です。インド期からペルシア期への移行は、物質を加工するようになることでした。両

肉体	アトランティス
エーテル体	第一後アトランティス文化期
感覚体	第二文化期
感覚魂	第三文化期
悟性魂	第四文化期
意識魂	第五文化期
霊　我	第六文化期
生命霊	第七文化期

霊　我

第一日
第二日
第三日

生命霊

手を活発に働かせ、労働するようになること、これが第二文化期の特徴です。古インド文化では、両手を使わずに、考えるよりもはるかに集中した仕方で、瞑想の中で物質界から高次の世界へと高まることができました。以前の状態を思い出そうとするには、深く自分の中へ沈潜しなければなりませんでした。インドのヨーガの秘儀は、一般にエーテル体を特別に育成することだったのです。

感覚魂、悟性魂、意識魂

古ペルシア期の文化の本質は、自我が感覚体の中へ沈められることの中にありましたが、アッシリア人、バビロニア人、カルデア人、エジプト人の文化の本質は、自我が感覚魂の中にまで昇っていくことの中にあります。「感覚魂」とは何でしょうか。それは主として知覚する人間の場合に、みずからを外へ向けるもの、眼その他の感覚器官を使って外なる自然の中の支配する働きを知覚することです。ですから当時、眼は空間に拡がる物質的事象へ向けられ、星々やその運行へ向けられました。外なる空間の中に存在しているものが、感覚魂に働きかけました。エジプト＝カルデア＝アッシリア＝バビロニア時代においては、内的な人格文化、知的文化とでも言えるものは、まだわずかしか存在していませんでした。当時のエジプトの叡智がどのような在り方をしていたか、現代人は正しくイメージできないでしょう。この叡智は、後世のように論理的思考という形式をとらず、眼を外へ向け、感覚によって、外に働く法則を読みとったのです。法則を読みとるのは、概念ではなく、直観、感覚だったのです。

現代の学者が当時の歴史を考察するときには、今述べたことに注意する必要があります。内なる知性の力で思索しなかったので、本来の概念学、論理的科学は、当時はまだ存在していませんでした。歴史が教えているように、論理学の本来の創始者は、アリストテレスなのです。もしもそれ以前に論理学、概念学が存在していたとすれば、それを書物に書き記すことができたはずです。

自我そのものの中で思索する論理学、自我の中で概念を結びつけたり、区別したりする態度、論理的に判断しても、事物から直接読みとろうとはしない態度、それは第四文化期になって、やっと現れます。ですから私たちは、この第四文化期を悟性魂の文化であると呼ぶのです。

そして私たち自身は、自我が「意識魂」の中へ入る時代の中にいます。人類は一〇世紀、一一世紀、一二世紀に始まる中世の中葉から、そのような時期に入っていきました。こんなに遅くなってから、やっと自我が意識魂と結びついたのです。ほぼ中世の中葉に、自我は意識魂の中に入りました。このことは歴史的に容易に証明できます。私たちにこの問題と取り組む時間的余裕があったなら、その過程の隅々にまで光を当てることができたでしょう。当時、個人の自由について、個的な自我の働きについて人びとが考えるようになりました。中世初期の人びとは、社会的な地位だけで評価されました。人びとは、父や親族から地位、身分を受け継ぎます。自我と意識的に結びついているのではない、この非人格的な事柄次第で、社会的な評価を受けました。

通商が範囲を広げ、発明、発見が相次いだ後世になって初めて、自我意識が活動し始めます。そしてヨーロッパ世界の到るところで、この意識魂の社会的性格が、都市憲章、都市構造などに現れるのです。たとえば、ハンブルクの歴史を読むと、こうした事柄がどのように歴史上発展していったかを容易に見てとることができます。中世の「自由都市」は、自我を意識するようになった魂が、人類社会に影響を及ぼしていく過程をよく示しています。そして現在に眼を向けますと、今、私たちが私たちの人格を意識魂の中で育成しつつあるのがよく分かります。近世のすべての諸要求は、人間が無意識にであっても、意識魂の要求を提示しているのです。

マナス文化

しかしさらに未来に眼を向けますと、別のものが見えてきます。人間はマナスへの次なる文化期に到るのです。そこでの人間は、現在よりもずっと共同の叡智を身につけていることでしょう。その時には、個人のもっとも固有のものが、同時に人類のもっとも共通のものである、と感じられるようになるでしょう。現在の意味での個的な財は、まだ高い次元での個的な財ではありません。現代人は、互いに争い、人とは異なる意見を持ち、そうした意見を持てないようでは独立した人間ではない、と思っています。独立した人間であろうとすれば、違った意見を持たなければならないのです。しかし未来における人びとの場合、個人個人が個的であればあるほど、ますます平和で調和した生き方をすることができるでしょう。人びとがまだ霊我を通して語るのでない限り、違った意見が出てきます。そういう意味では、まだ人間のもっとも内奥の部分で真実であると感じられた意見ではないのです。

真に心の内部で互いに共有できる事柄を、すでに今日の数学と幾何学が示しています。数学の真実については、わざわざ合意する必要がありません。百万人の人が私たちに、2×2は5だと言っても、2×2が4であることを私たちが内的に洞察しているなら、他の人たちが間違っているのは、自明のことだからです。三角形の内角の和が一八〇度ではない、と主張する人に対しても、同じことが言えます。

これがマナス文化の基本です。それは、真理の源泉が、人間の強化された個的人格の中で、ますますはっきりと感得される文化であり、数学上の真理のように高次の真理を感得することで、人から人へ通じ合える文化です。人びとは現在、数学上の真理については、皆同じ意見を持っています。もっとも分かりやすい真理だからです。しかし他の真理については、争い合っています。同じ事柄について二つの正しい意見が存在しうるからではなく、すべてを認識して、個人的な利害関係による区別を克服していないからです。もしも単純な数学にも、自分の意見が問題になりうるとしたら、多くの市民たちは、2×2が5であり、4ではない、という意見に賛成してしまうでしょう。事柄の本質を洞察しようとすれば、高次の本質について利害関係を主張することは不可能です。本質が認識できるように、自分を成長させるしかないのです。そうできたなら、或る人の魂の中に見出せる真理は、他の人の魂の中の真理と完全に一致し、もはや争わないでしょう。そしてこのことこそが、真の平和と真の友愛とを保証する唯一の立場なのです。

真理が互いに調和し合うのは、その真理が霊的な太陽と本当に関わっているからです。一つひとつの植物がどのように生長していくか、考えてみて下さい。どの植物も、太陽に向かって伸びていきます。唯一の太陽に向かってです。第六文化期になって、霊我が人間の中で生きるようになると、ただひとつの霊的な太陽が見えてくるでしょう。そしてすべての人の心がそこへ向かい、そこにおいて一致するようになるでしょう。これは第六文化期へ向けて、私たちの見る偉大な展望です。そして第七文化期になると、「生命霊」が私たちの進化の中に入ってくるでしょう。

しかし、これは予感することしかできない、遠い未来のことです。今、はっきりと言えるのは、第六文化期が非常に重要な文化期だということです。なぜなら、共通の叡智によって、平和と友愛とがもたらされる時期になりうると思うからです。個々の選ばれた人たちだけでなく、正常な進化を遂げたすべての人びとにも、高次の自己が、霊我となって現れます。ゆっくりと形成されてきた個的な自我に、高次の統一的な自我が結びつくのです。人間自我と霊我との結びつきは、キリスト教の秘教においては、常に「結婚」であると言われてきました。私たちもそれを、ひとつの霊的な結婚であると言いたいのです。しかしこうした事柄は、宇宙の進化と深く関わっています。人は自分から手を延ばして、霊我を摑みとることはできません。自分からこうした事柄に関ろうとするなら、みずからをはるかに高い進化段階に導かなければなりません。

次なる時代への準備

後アトランティス期の人間が、高次の自我と結ばれるためには、人類の進化に「助け」がこなければなりませんでした。何かを実現するには、そのための準備が必要です。一五歳の子が何かであるべきならば、六、七歳の頃からそのための配慮がなされなければなりません。どんな発展にも、そのための衝動が用意されなければなりませんでした。

第六文化期に生じるべきことも、ゆっくりと準備されなければなりませんでした。そのために、外からある圧力を加えなければなりませんでした。

最初は、まったく外なる霊界から働きかけてきました。その働きかけは、まだ地上にまでは下降しませんでした。このことは、ヘブライ民族の偉大な使命として、私たちに暗示されています。エジプトの秘儀参入者モーセが、霊界の導きによって、「イスラエルの人びとにこう言うがよい。私は『わたしである』という方がわたしをあなたたちに遣わされたのだと」（出エジプト記三章一四）という聖書の言葉で性格づけられている、あの委託を受けたとき、モーセは、姿のない、眼に見えない神を示唆することによって、イスラエルの人びとのこころに準備をさせたのです。父なる神が血の中に働いている一方で、「私である」ことを理解できる人びとへの働きかけがなされたのです。そしてその結果、「私である」が地上にまで降りてくることができるようになります。このことを人びとに示しなさい、とモーセは神から委託されたのです。

このことは、第三文化期の間に生じました。そして地上にまで降りて、人間となった神を人類の手に委ねるという使命が、ヘブライ民族の中に生じたのです。この神は、以前はただ告知されただけでしたが、後では眼に見える人間の姿をとって現れたのです。

モーセによる霊的な告知のあと、告知されたメシアがキリストとなって出現した時点、キリスト教史の第一章とも言えるこの時点から、統一と友愛を生じさせようとする衝動が、人類進化の中へ植えつけられました。あたかも、大地に埋められた種の力が働き続けて、いつか果実を実らせるようにです。こうして、この衝動は私たちの時代に、今働き続けています。人類の知的、精神的な力が物質の中にすっかり下降してしまった現代にも、働き続けているのです。それでは一体、どうしてキリスト教は、もっとも徹底した物質化に直接先行する時代になって現れたのでしょうか。

キリスト教なしに、この物質化の時代に入っていったなら、人類はふたたび上昇衝動を見出すことができなかったでしょう。人類の中にキリストの植えつけた衝動が働かず、人類全体が物質界に埋没してしまったなら、オカルティズムの言う「物質の重みに捉えられて」、正常な進化から脱落してしまったでしょう。

キリスト衝動

物質の中に押しやられ、そのもっとも深い奥底にまで達する前に、衝動がふたたび反対の方向へ向かわせるのです。それが「キリスト衝動」です。キリスト衝動がもっと以前に働いたとしたら、人類は物質上での進化を遂げなかったでしょう。キリストが古インド文化期に地上に受肉したとしたら、人類はキリストの霊的要素に浸透されたでしょうが、物質の中に深く埋没することなく、今日の外的物質文化のすべてを決して創り出すことができなかったでしょう。

キリスト教がなければ、鉄道も蒸気船も存在しなかっただろうという言い方は、奇妙に聞こえますが、事柄の関連を考えれば、そう言えるのです。決して古インド文化期から、鉄道のような文化手段は生じなかったでしょう。現代人が誇りにしているすべてとキリスト教との間には、秘密の関連があるのです。キリストがその働きを正しい時の来るまで待ち続けたことによって、外的な文化が可能になりました。そして正しい時にそれが現れたことによって、キリスト原則と結びついて、ふたたび物質から高まろうとする衝動が可能になったのです。

けれども、キリスト教は無理解な仕方で受容されました。そしてキリスト教そのものが、唯物化されてしまいました。キリスト教はあまりにも誤解されてしまい、唯物的に受けとられてしまったのです。私たちが取り上げてきた「キリスト以後」の現代に至る経過の中で、キリスト教はひどく歪んだ、唯物的な形姿をとるようにさえなりました。たとえば、高次に霊的な「晩餐」の理念を理解する代わりに、晩餐が実体化され、物質の変容のことだと考えられるようになりました。キリスト教が霊的な現象として理解されなくなった例は、数百にものぼります。

キリスト教の第三章

そして今、私たちは、「キリスト以後」にあって、霊的なキリスト教と結びつかなければならない時代に到ったのです。キリスト教から真の霊的な内容を取り出すためには、キリスト教本来のあるべき姿に結びつかなければなりません。そしてこのことは、キリスト教を神智学的に深化させることによって生じるでしょう。私たちは、神智学をキリスト教に適用することによって、キリスト教の第三の時代を準備するという世界史的必然に従うのです。この第三のキリスト教時代は、第六文化期のマナスの動きを受けるために働きます。これが第三章をなすのです。

第一章はキリスト教を予告する時代から、イエス・キリストの出現を経て、もう少しあとの時代まで続きます。第二章は人間精神が物質の中にもっとも深く埋没して、キリスト教でさえも唯物化される時代です。そして第三章では、神智学的な深まりによって、キリスト教を霊的に理解するようになるのです。

ヨハネ福音書のような聖典が、私たちの時代に到るまで理解されなかったというのは、唯物主義の発展全体と関連しています。今日までの唯物主義的な文化によっては、ヨハネ福音書を完全には理解することはできません。神智学運動に始まる新しい霊的な文化は、この聖典の真に霊的な形姿を理解して、第六文化期へ導く準備をしなければなりません。

キリスト教の秘儀、薔薇十字会の秘儀、その他なんらかの秘儀に参入した人には、ひとつの特別の風景が見えています。現実の中に、二重の意味が見えるのです。ひとつは、外なる物質界で演じられる事柄の意味ですが、もうひとつ、物質界で演じられる事柄の中に、大きな、包括的な霊的示唆が見てとれるのです。ですからここで、ヨハネ福音書の作者が或る機会に持った印象についてお話しすれば、そのことの意味が、きっと理解していただけると思います。

イエス・キリストの生涯の中に、ひとつの特別な事件がありました。地上の物質界で起こった事件です。しかしそれをヨハネ福音書は、秘儀参入者の眼で記述しています。この事件は、同時に秘儀参入の過程で生じた知覚内容であり、体験内容でもあったのです。

秘儀に参入する人は、三つと半分の期間、すでに述べたように、古代では三日と半日の間、無感覚な眠りの状態におかれました。毎日、その人は霊界について異なる体験をしました。最初の日には、霊界で生じた或る事柄を、二日目は別の事柄を、三日目はさらに別の事柄を体験しました。さて、ここで取り上げようと思う体験の場合は、人類の未来が示されたのです。未来の衝動を知ることができれば、それを現在の中に植え込み、現在を未来の方向へ導くことができます。

当時のある見霊者のことを考えて下さい。その人は先程述べた三つの章の第一章の霊的意味を体験しました。この第一章は、「お前の民に、私は『私である』と言いなさい」という声が響いたときから、メシアが降臨したときにまで及びます。第二章として、その人はキリストが物質界で行ったことを体験しました。そして第三章として、第六文化期に霊我を受けとるために、人類が次第に準備していく過程を体験しました。これをその人はアストラル的なヴィジョンとして、「人類と霊との結婚」として体験したのです。

これは重要な体験でした。キリストが人類の歴史に関与したことによって、この体験が人びとの眼にも見えるものとなりました。それ以前の人類は、内なる霊の働きである友愛を、人と人の間の平和を、体験できませんでした。血縁によって用意された愛だけがあったのです。この愛は、次第に霊的な愛へ進化し、そしてその霊的な愛は、ふたたび下へ降りていきます。秘儀参入の第三章の終わりは、人類が霊我との結婚を祝うことなのです。それが生じるのは、そのための「時が来た」からであり、「キリスト衝動」を完全に実現するための時が熟したからなのです。その時が来ない限り、血縁関係だけが有効に働き、愛は霊的になりません。

数の秘密

古代の文献で、数が取り上げられるときには、常に数の秘密が示唆されています。「三日目に、ガリラヤのカナで婚礼があった」（ヨハネ福音書二章一）と述べられているのを見れば、すべての秘儀参入者は、「三日目」という言葉が特別の意味を表している、と理解します。ヨハネ福音書の作者は、それが或る実際の体験であっただけでなく、同時に、圧倒的に大きな預言を意味している、と示唆しているのです。この婚礼は、秘儀参入の第三日に示される、偉大な人類の婚礼を表現しているのです。

一日目には、第三文化期から第四文化期への移行に際して生じる事柄が示されます。二日目には、第四文化期から第五文化期への移行に際して生じる事柄が示されます。そして三日目に、人類が第五文化期から第六文化期へ移行するときに生じる事柄が示されます。これが秘儀参入の三日間なのです。そしてキリスト衝動は、三日目の時点まで待たなければなりませんでした。それ以前には、この衝動の働く余地がなかったのです。

ヨハネ福音書に、「わたしとあなた」「われわれ二人」の特別な関係が暗示されています。それは、「婦人よ、わたしはあなたとどんな関わりがあるのですか」という不合理ではない言葉の記されているところに出てきます。しるしを行うように、と母がキリストに求めたとき、キリストは言います。「わたしの時はまだ来ていません」（二章四）。それは婚礼に働きかけるときのことであり、人びとを引き合わせるときのことです。その時は、これから来るでしょう。血の結びつきの上に成り立つものは、今もなお働いており、これからも働き続けるでしょうから、この婚礼に際しては、母と息子の関係が示唆されているのです。

このように聖書を読むとき、実際の外的事象のすべてが、霊的な背景から浮き出て、見えてきます。ヨハネ福音書の作者のような秘儀参入者が人類に与えた贈りものを受けとるとき、キリストが人類進化にみずからの衝動を植えつけたことによって、この福音書の作者が人類に与えることのできた贈りものを受けとるとき、私たちは霊的生活の目くるめく深みをかいま見るのです。

以上に見てきたように、空虚なアレゴリーや象徴からではなく、秘儀参入者が体験するアストラル界の現実から、これらの事柄は理解されなければなりません。ここで問題にされているのは、象徴解釈なのではなく、秘儀参入者の体験物語なのです。このことをはっきりさせることができませんと、外に立っている人に、神智学は寓意的な説明しかしていない、と言われてしまいます。

今理解したように、この箇所に霊学的な解釈を加えるとき、私たちはキリスト衝動が、人類の中で、三つの「宇宙日」を通して――第三文化期から第四文化期へ、第四文化期から第五文化期へ、第五文化期から第六文化期へ――働き続けていることを学ぶのです。「今日の人類は、キリスト衝動のごくわずかな部分しか理解していない。ずっと後になって初めて、その偉大さがまったく理解できるようになる」――私たちはヨハネ福音書の意味で人類の進化を見るとき、このように言わざるをえないのです。

第十一講

キリスト教の秘儀

（一九〇八年五月三〇日）

これから私たちは、この連続講義のしめくくりとして、「イエスの父と母」を通して、ヨハネ福音書の意味でのキリスト教の本質に迫っていきたいのですが、そのためには、母または父という概念が霊的な現実として、ヨハネ福音書の中でどういう意味づけをされているか、理解できなければなりません。この概念は、比喩や象徴として解釈するだけではすまされない意味を持っています。

それを理解するためには、あらかじめ、「高次の霊界に参入する」ということの意味を知っておかなければなりません。秘儀参入者とは、誰のことなのでしょうか。

秘儀参入者とは

秘儀参入者とは、後アトランティス期において、みずからを外的、物質的な感覚世界から超越させることのできた人、眼や耳などの外的感覚器官が物質的、感覚的世界を体験するのと同じような仕方で、霊界を体験できる人のことです。そういう人は、霊界の真理の証人のことでもあります。

しかし、どんな秘儀参入者も、秘儀参入の過程で、もうひとつ別のことをも経験します。それは、物質界を生きるときには正当であり、必要でもあった或る種の感情から自由になることです。感情は、霊界においては、物質界におけるときのような在り方をしません。

どうぞ、誤解なさらないで下さい。物質界を生きるのに必要なすべての感情を、高次の世界のための別の感情と取り替えなければならない、というのではなく、別の感情をこれまでの感情に付け加え、感情を霊化する一方で、物質界に役立つ感情をそのぶん一層強化するのです。「秘儀参入者は、或る意味では、故郷を喪失しなければならない」というのは、この意味で受けとめなければなりません。物質界に生きる秘儀参入者は、故郷や家族から疎外されざるをえない、というのではありません。むしろ、霊界にふさわしい感情を獲得することによって、物質界のための感情も、より繊細に、より美しく育成されるのです。それでは、「故郷を喪失した人」とはどういう人のことなのでしょうか。「故郷を喪失した人」とは、物質界の特定の分野に対する特殊な共感を、霊界の中に持ち込まない人、という意味です。

たとえば、物質界では、民族、家族、国家共同体に属しています。秘儀参入者といえども、その点に変わりはありません。そのどれをも失う必要はありませんが、しかしこの共属感情を霊界においても活かそうとするなら、霊界におそろしい荷物を持ち込むことになります。霊界では、特定の何かに対しては、共感を発揮することではなく、対象の価値に従って、すべてを客観的な仕方で自分に作用させることが大事なのです。言い換えれば、秘儀参入者とは、完全に客観的に対象と関わらなければならない人のことなのです。

地上における愛の在り方

さて、人類は地上での進化の過程で、太古の薄暗い見霊意識と結びついた故郷から脱け出てきました。すでに見てきたように、人類は霊的領域から物質世界の中へ降りてきたのです。元の霊的領域には、愛国心や郷土愛などはありません。人びとは、霊的領界から下降してから、地上の各地域にそれぞれ居を定めました。各地域の人間集団は、その地域の特徴を映し出していました。黒人は内的な理由から黒くなったのではなく、自分の居住地に適応することで黒くなったのです。白人についても同じことが言えます。皮膚の色という大きな相違も、民族の個性というより小さな相違も、環境との関連の中で生じたのです。

しかしこのことは、地上における愛の在り方にも関連しています。人間が互いに似なくなったことによって、まず小さな共同社会の中に、愛がつちかわれました。次第にこの小さな共同社会から、もっと大きな共同社会にまで、愛の働きが拡がっていくはずなのですが、そのような大きな愛の共同体は、霊我が人びとのこころに植えつけられなければ、生じないでしょう。秘儀参入者はこの人類進化の方向へ向かって、すべての制約を克服し、隔てられたものの間に橋を架け、平和と調和と友愛の育成に努める、という課題を引き受けなければなりませんでした。

秘儀参入者は「故郷喪失」の状態において、偉大な兄弟愛への萌芽を育てなければなりません。このことが古代では象徴的に、「秘儀参入者はすべて、ピタゴラスのように、遍歴時代を経てきた」と言い表されました。なぜでしょうか。故郷の共同体でつちかってきた感情が、すべてに対して客観的になりうるようにするためにです。

ひとりの秘儀参入者が、自分の中に育ててきた友愛を、全人類に植えつけることこそが、キリスト教の使命なのです。キリストが「地の霊」であり、「地」がキリストの体であり、衣裳であるという、キリスト教のあの極めて深い教えを思い出して下さい。このことは言葉通りに受けとらなければなりません。すでに何度も述べたように、ヨハネ福音書のような聖典の中の言葉の一つひとつは、黄金用の秤にかけて考察されなければなりません。

「地の衣裳」について、地球の進化の過程は何を教えているでしょうか。地の衣裳、つまり地の固形部分がまず区別され、或る人はこの土地を、他の人は別の土地を所有するようになりました。「地の霊」であるキリストの衣裳が、時の経過と共に、財産の対象となり、個人人格の拡大と共に、売買の対象にされるようになったのです。地を取り巻く「風」（空気）だけは、区別されず、すべての人のものであり続けました。そしてこの風から、楽園神話が語るように、生きた息吹が人間に吹き込まれました。これが肉体の中の自我の最初の芽生えです。しかし風そのものは区別されません。

キリスト教をもっとも深く語り伝えている人物が、ヨハネ福音書の中でこのことをどんなふうに暗示しているか、見てみましょう。

「そして彼らは彼の衣服を引き裂く。しかし上衣は引き裂かない」。（一九章二四、ただし、新共同訳聖書では、「上衣」ではなく、「下着」になっている――訳註）

この言葉は、大気圏をも含めた全体としての「地」が、キリストの体の衣服と上衣であることを示しています。キリストの衣服は地域に分けられますが、上衣は違います。風は分けられません。すべてのものの共有物です。風はいつか実現されるべき、大地を取り巻く愛の、眼に見える物質的象徴なのです。キリスト教は、このこと以外にも、多くの点で古代の秘儀の原則を人びとが受け入れるようにしなければなりません。

知覚器官と世界

このことを理解するために、ここで秘儀参入の三つの主要形態について述べておこうと思います。古代のヨーガによる秘儀参入、キリスト教的な秘儀参入、および現代人にふさわしいキリスト教的＝薔薇十字会的な秘儀参入、この三つの形態のすべてにおいて、秘儀参入は、原則的に、どのような経過をたどるのでしょうか。

人間は何によって霊界を見ることができるようになるのでしょうか。それでは、私たちは一体、何によって物質界を知覚できるようになったのでしょうか。感覚器官の発達によってです。人類の進化の過程を遥か遠い過去にまで遡りますと、太古の人間は、まだ見るための眼や聞くための耳を持っていませんでした。ゲーテが述べているように、すべてがまだ「未分化の、同じような器官」だったのです。その証拠に、現在の或る種の下等動物は、今でも未分化の、明暗だけを識別する、点のような器官しか持っていません。この未分化の器官から、次第に眼や耳が形成されました。身体の原型に彫塑的な働きかけがなされたのです。私たちの眼が形成されたとき、私たちの目の前に華麗な色彩世界が現れました。耳が形成されたとき、見事な音響世界が現れました。

或る世界が現実に存在しないなどとは、誰も言うことができません。私たちはそのような世界をまだ知覚していない、と言えるだけなのです。世界を見るとは、その世界を知覚する器官がある、ということです。私はこの世界だけしか知らない、とは言えますが、他の誰かにしか見えない世界など認められない、と言うことは許されません。なぜなら、そう言う人は、他の人たちも自分と同じものしか知覚してはいけない、と要求しているのですから。その人は権威的に、自分の見るものだけしか認めない、と言っているのです。

ですから、もし誰かがやってきて、「そんなことは神智学の夢物語だ。神智学者の主張するようなものは存在しない」と言うとしたら、その人はただ、その人がそのような世界を知覚していない、と告白しているだけのことなのです。

私たちは事物を肯定する立場に立っています。自分の知覚対象だけを肯定する人は、自分の知っている事柄を認めるように、と私たちに要求しているだけではなく、自分の知らない事柄についても権威的に決定を下して、否定しようとしているのです。今日のアカデミックな学問が、神智学に対するときほどの悪しき不寛容な態度は、他のどこにも存在しません。そしてその不寛容は、今後さらに、より悪しきものになっていくでしょう。不寛容な態度は、実にさまざまな形態をとって現れます。人びとは、自分が言うべきでないことを言っている、とはまったく思っていません。善きキリスト者たちの集まりで、次のような言い方がよくなされています。——「神智学者らは秘教的なキリスト教のことを語っているが、キリスト教には秘教など必要ではない。単純、素朴な心情でも感じたり、考えたりすることのできるものだけが大切なのだ」。

つまりその人たちが求めているのは、すべての人が同じように感じ、考えることのできる事柄なのです。もちろん、そのような集まりにおいては、「ローマ教皇は誤謬を犯さない」という原則など、決して受け入れられないでしょう。しかし、自分自身の人格の不可謬性は、大勢のキリスト者によって主張されています。各人が一種のローマ教皇であろうとしている集まりにおいて、まさにローマ教皇的な不可謬性の下に、神智学が否定されているのです。

物質的＝感覚的な世界が存在するのは、私たちの身体に知覚器官が刻み込まれているからなのですが、このことをよく考えてみますと、次のような言い方がそれほど奇妙には思えなくなります。――「高次の世界の知覚は、エーテル体とアストラル体の中に、高次の知覚器官が作り出されることによって可能となる。現在の身体には、物質界のための知覚器官がすでに組み込まれている。しかしエーテル体、アストラル体には、知覚器官がまだ生じていない。だからまず、それらを発達させなければならない。そうなったとき初めて、高次の世界が知覚できるようになる」。

霊的知覚器官の発達

それでは一体、どうしたらそのような器官をエーテル体、アストラル体の中に組み込むことができるのでしょうか。すでに述べたように、秘儀に参入した人の場合、そのエーテル体、アストラル体に高次の知覚器官が組み込まれます。そのためには、何があらかじめなされたのでしょうか。まず、アストラル体を純粋な状態に保ちます。目覚めに際してアストラル体が肉体の中に沈み込むと、肉体の力がアストラル体に働きかけます。アストラル体は自由ではなく、肉体の要求に応えています。睡眠時に、アストラル体が肉体から抜け出たときだけに、アストラル体を純粋に保ち、高次の感覚諸器官をそのアストラル体に刻み込むことができるのです。

とはいえ、眠っている人のアストラル体に、外からあれこれ働きかけることはできません。当人は自分の身に生じるべきことを、知覚していません。無意識の状態にいて、自分の身に起こることを知らずにいます。

とはいえ、眠っているときのアストラル体は、肉体との関連を意識できませんけれども、間接的には、覚醒時に肉体が受けとった印象を、アストラル体の中に、睡眠時にも、留め続けられるようにすることができます。ですから、周囲の物質界を通して受けとる印象をアストラル体に刻印づけるときとまったく同じ仕方で、特定の霊的なイメージをまず肉体に印象づけ、次にそれをアストラル体に刻印づけ、そうすることによって、霊的知覚器官をアストラル体の中に発達させることができるのです。

このことが生じうるのは、人が通常の仕方で覚醒時を生きて、多様な印象にさらされているだけではなく、一定の修行法に従って、自分の内面生活を掌握できたときです。そしてこの修行法を瞑想、集中、静観と言います。それは、実験室で顕微鏡を用いるのと同じくらい、厳しく定められた手続きに従った修行法です。そのような手続きに従って修行を続けますと、睡眠時に、肉体から離れたアストラル体が彫塑的に作り変えられるくらい烈しく作用するのです。今ここにある海綿を、私が手で握りしめ、手の形に従わせていても、手から離すと、海綿に内在する力がふたたび元の形に戻します。

アストラル体にも同じことが言えます。アストラル体は、睡眠中に身体から出ていくと、内部に存するアストラル的な力に従って従来の在り方に戻ってしまいます。ですから覚醒時に一定の霊的な修行を続けて、その結果、夜、アストラル体が彫塑的に形成されて、高次の知覚を可能にする諸器官が作られるように、アストラル体の内部に働きかけ続けなければなりません。

そのような瞑想は、三重の仕方で行うことができます。主に思考素材を顧慮する方法が、ヨーガの修行です。これは主として思考要素を静観することによって行います。

キリスト教的秘儀参入の七段階

しかし感情を特別に育成するための修行もあります。これは特にキリスト教的な方法です。そして思考と意志を結びつけることによってアストラル体に働きかけるのが、キリスト教的＝薔薇十字的な方法です。ヨーガの修行について今述べるのは、本題からあまりにはずれてしまうでしょう。ヨーガの修行法は、ヨハネ福音書とは直接結びつきませんから、ここでは特に、キリスト教的な秘儀参入に即してお話しししようと思います。

とはいえ、一定期間、社会から隔離されて、ひとりでいなければ、この修行をまっとうすることはできません。ですから、社会的な義務をそこなうことなく、高次の世界へ参入できるために薔薇十字会の方法があるのですが、しかし原則としての秘儀参入の在り方は、キリスト教的な秘儀参入に即しても、完全に明らかにすることができます。

キリスト教的な秘儀参入の方法は、もっぱら感情に訴えかけます。しかも、七つの感情体験が段階的に求められます。それによって、アストラル体が睡眠中に、みずからの知覚器官を発達させることができるようにするのです。この七つの段階を通過するために、キリスト教の弟子がどのような生き方をしなければならないかを、ここで説明しようと思います。

第一段階は「足洗い」と呼ばれます。師は弟子に言います。――「植物を見なさい。植物は大地に根を張っている。鉱物から成る大地は、植物よりも低次の存在だ。もしも植物がみずからの本質を明らかに示すことができるとしたら、大地に向かって次のように言わなければならないであろう。――私がたとえ、より高次の存在であったとしても、お前が存在していなければ、私は生きていかれない。なぜなら、大地よ、私の養分の大半を、私はお前から得ているのだから。

もしも植物がこのことを感情に置き換えることができたとしたら、植物は石に向かい、身を低くして、次のように言うであろう。――より低次の存在である石よ。私はお前の前に身をかがめる。お前のおかげで、私は生きていけるのだ。

そして植物よりも上位にある動物が植物に向き合うときも、同じような仕方で、動物は植物に対して、次のように言わなければならないであろう。――私は植物よりもより高次の位置を占めている。しかしこの低次の領域のおかげで、私は生きていける。

このようにしてさらに上に赴き、人間に到るなら、社会的な階層制のより高い位置にある人は誰でも、より低い階層の前に身をかがめて、こう言わなければならないであろう。――より低い階層のおかげで、私は生きていける。

そしてこのようにして、イエス・キリストにまで赴く。彼を取り巻く十二人は、彼よりも一段階低いところにいる。しかし植物が石から進化してきたように、イエス・キリストは十二人から進化してきた。彼は十二人の前に身をかがめて、言う。――あなたたちのおかげで私は生きていける」。

師は弟子にこのように語ってから、さらに次のように言います。――「何週間にも亙って、高いものは低いものの前に身をかがめなければならない、という宇宙感情に没頭しなければならない。このことを徹底して遂行したときには、内にも外にも徴候が現れる」。

しかしこの徴候が大切なのではありません。徴候は、修行者が十分に修行したことを示すにすぎないのです。肉体が魂の影響を十分に受けると、まるで水が自分の足にそそがれているような感情をもちます。このことが外的な徴候として現れるのです。この感情は、まったくなまなましく体験されます。さらに、別の感情として、修行者は、「足洗い」が、つまり低次の自己の前に高次の自己が身をかがめることが眼の前に生じたような、圧倒的なアストラル・ヴィジョンを持ちます。ヨハネ福音書の中で、歴史的事実として述べられているものが、アストラル的に体験されるのです。

第二段階での弟子は、次のように言われます。――「お前は別の感情をも発達させなければならない。もしこの世のすべての痛みや悲しみが、お前のところへ押し寄せてきたら、どうだろうか。それを想像してみなければならない。あらゆる種類の苦痛にさらされたなら、どうだろうか。それを感じとらねばならない。そして、たとえこの世のあらゆる不幸が押し寄せてくるとしても、まっすぐに立ち続けなければならない、という感情に没頭しなければならない」。

弟子がこのことを十分に修行しますと、ふたたび二つの徴候が現れます。ひとつは、自分が四方八方から打擲《ちょうちゃく》されているかのような感情です。そしてもうひとつは、「鞭打ち」をアストラル・ヴィジョンとして眼前に持つのです。

今私が述べているのは、数百の人が体験したことです。その人たちは、それによって霊界へ参入する能力を獲得したのです。

第三に、弟子は次のように考えなければなりません。――自分が心に抱いているもっとも聖なるもの、自分の自我のすべてで大切に守ろうとしているものが嘲笑され、罵倒されるのです。そこで弟子はこう言わざるをえません。――「何が来ようとも、私はまっすぐに立ち、聖なるものを守らなければならない」。

この思いに没頭する人は、頭に無数のとげのようなものを感じ、アストラル・ヴィジョンとして、「茨の冠」を体験します。この場合にも、徴候が目的なのではなく、徴候は修行の結果として現れるのです。自己暗示とはまったく関係ありません。

第四に、修行者は自分の身体を、外にある、たとえば木立ちのような対象であるかのように感じます。自分の身体が「私」のものとは言えなくなるのです。「私は自分の身体を、まるで上衣でもあるかのように、まとっている」と感じなければなりません。修行者の自我を、身体から切り離すのです。そうすると、「血の試煉」と呼ばれるものが現れます。他の多くの場合には病的な状態であるはずの事柄が、この場合には、瞑想の結果として、いっさいの病症とは無関係に現れるのです。両足と両手と胸の右側に、いわゆる血のしるしが現れます。そして内なる徴候としては、「磔刑《たっけい》」のアストラル・ヴィジョンが現れるのです。

第五、第六、第七の感情段階は、ごく簡単に述べることしかできません。

第五段階は「神秘の死」の体験です。この段階で体験する感情によって、まるで一瞬にして、すべての可視的世界の前に黒い幕が下ろされ、視界のすべてが消し去られてしまったかのような体験が生じます。この瞬間が非常に重要なのは、特にキリスト教の秘儀に参入する人に必要な体験が、ここで生じるからです。すなわち、悪、苦、痛みの根拠にまで降りていきます。人間の魂の奥底に生きている悪のすべてを、地獄へ降りていくことによって、味わい尽くすのです。これが「地獄めぐり」です。このことが体験できますと、その黒い幕は引き裂かれます。そして、霊界が眼の前に現れるのです。

第六は、「埋葬と復活」です。これは修行者が、地球とひとつになった自分を感じる段階です。土に埋められて、地球星の一部分となった自分を感じます。自分の生命が、惑星の生命にまで拡がったのです。

第七の感情は、言葉では言い尽くせません。脳の働きなしにも思考できるような人だけが、それを語ることができます。この感情を表現するのにふさわしい言語はありません。私たちの言語は、物質界しか指示することができないのです。ですから、この段階については暗示することができるだけです。そこは、人が想像することのできるすべてを超えています。それで、「昇天」または霊界参入と呼ばれます。

修行者が覚醒時の完全な内的集中の中で体験すべき感情の諸段階は、ここで完結します。これらの体験に没頭しますと、どの体験も、アストラル体に強く働きかけますから、夜、睡眠中に、内なる知覚器官が彫塑的に形成されるのです。

アストラル体の変化

薔薇十字会の秘儀の場合、七つに分けられたこれらの感情段階を通過するのではありませんが、そこにも私たちが今述べたのと同じ作用が生じます。

どんな秘儀参入においても、覚醒時の体験という廻り道を通って、アストラル体に働きかけ、アストラル体が、睡眠中のまったく自由でいられるときに、みずからに新しい彫塑的形姿を与えることができるようにするのです。

アストラル存在としての人間がこのようにして、みずからに彫塑的な形姿を与えたとき、そのアストラル体は、すでに人間の新しい存在部分になり、マナスつまり霊我になったのです。

アストラル体がこのような存在部分になったとき、その彫塑的な形姿は、エーテル体の中にも持ち込まれます。印章で封蠟に刻印を押しますと、印章に刻まれた名称が印章だけでなく、封蠟にもはっきりと印されます。そのように、アストラル体はエーテル体の中に沈んで、自分の中に刻み込まれているものをエーテル体に押しつけます。

すべての秘儀の方法において、アストラル体に働きかけるときの手続きは同じです。ただエーテル体にそれを持ち込む仕方は、さまざまなのです。この相違については、明日お話しします。明日は、後アトランティス期のもっとも本質的な進化衝動である、秘儀参入の三つの方法が、互いにどのように異なっているのかをお話しして、そもそも秘儀参入が、人類の進化にとってどんな意味があるのかをお話ししようと思います。そうすれば、ヨハネ福音書のまだ取り上げずにいた部分の意味も、明らかになるでしょう。

第十二講

処女ソフィアと聖霊の本質

（一九〇八年五月三一日）

浄化

昨日は瞑想と集中の修行によるアストラル体の変化についてお話しするところまできました。そのような修行は、さまざまな秘儀参入の方法として与えられてきました。昨日述べたように、この修行によって、アストラル体は、高次の諸世界を直観するのに必要な諸器官を、自分の中に育成できるようになります。修行は、それぞれの文化期に応じた在り方をしていますが、以上の点は、どこにおいても同じでした。原則的な相違が始まるのは、それを超えるところからです。アストラル体に作られた諸器官をエーテル体に組み込み、刻印づけるときからです。

瞑想と集中によるアストラル体への働きかけを、古い表現は「浄化」（カタルシス）と呼んでいます。この浄化の目標は、調和的な在り方を妨げるものをすべて、アストラル体から取り除くことにあります。それによって、高次の器官を獲得できるようにするのです。アストラル体は、高次の諸器官を素質として持っていますから、そこにまどろんでいる諸力を目覚めさせればいいのです。

「浄化」を生じさせるためには、実にさまざまな方法が用いられます。たとえば私の『自由の哲学』に述べられていることを、すべて内的に受けとめ、そこにある思考内容を自分で再現できるまでに深く体験したならば、浄化において非常に多くを達成したことになります。この本に対する人が――実際この本はそのように書かれているのですが――ピアノ演奏の大家が演奏する曲に対するように、つまり自分でその全体を再現できるようにするならば、この本の厳密に構築された思考関連を通して、高い程度にまで浄化を達成できるのです。この本の場合、すべての思考内容が現実の力になりうるように組み立てられています。書物の中には、或る内容をもっと前に、別の内容をもっと後にもってくることができるようなものもありますが、『自由の哲学』の場合には、そうすることはできません。一五〇頁に書かれている内容を五〇頁にもってくることはできないのです。犬の前足を後足と取りかえることができないようにです。有機的に組み立てられているこの本の思考内容を徹底して考え抜くことは、ひとつの内的な修行のような効果を持つのです。

浄化を達成するには、このようにいろいろな方法があります。この本を徹底して読んだ人が浄化を体験しなかったとすれば、それは私の言ったことが間違っていたからというよりは、この本を徹底して読まなかったからなのです。

エーテル体への刻印

しかしここで、別のことを取り上げなければなりません。浄化を通して、アストラル体に霊的な感覚器官が作られたとき、その器官をエーテル体に刻印づけなければならない、ということです。キリスト教以前の秘儀参入においては、しばしば数年間に及ぶ前段階の修行をすませたあとで、弟子は次のように言われました。――「アストラル体が認識器官をもつところにまで来た。今その認識器官を、エーテル体に刻印づけなければならない」。そして弟子は、或る手続きを経たのです。

けれども、今日の文化期においては、この手続きは不必要であるだけでなく、真剣に実施すべきものとは言えません。かつては、弟子は三日半の間、無意識の状態に置かれました。この三日半の間、彼は夜、アストラル体が肉体とエーテル体から出ていく眠りを体験しただけではなく、或る程度までエーテル体も肉体から離れました。しかも肉体が無事に保たれ、当人が死なずにすむように配慮されたのです。

そのとき、エーテル体は肉体の作用を受けず、柔軟な、可塑的な状態にありましたから、アストラル体の働きがエーテル体に向けられると、エーテル体はアストラル体の霊的感覚器官の刻印を受けたのです。そして導師が当人をふたたび通常の状態に戻し、アストラル体と自我がふたたび肉体とエーテル体と結びついたとき、浄化だけでなく、「フォティスモス」つまり「開悟」もまた生じました。周囲の世界の中に、物質的＝感覚的な事象を知覚するだけでなく、霊的な知覚器官を使って、霊的な事象をも知覚するために、秘儀参入は、本質的に、浄化と開悟という二つの経過を辿ったのです。

さて、後アトランティス期の進化全体は、エーテル体がますます肉体と固く結びつく方向に向かっていましたから、身体の機能に障害をもたらすことなく、エーテル体を肉体から引き離すことが次第に不可能になってきました。ですから、浄化の過程で、アストラル体をふさわしく発達させたあと、アストラル体は自分からふたたび肉体とエーテル体に結びつき、そして肉体の妨害をはねのけ、自分の霊的知覚器官をエーテル体に刻印づけができなければなりません。その際、肉体とエーテル体を分離させることなく、それを可能にする方法を用いることができなければなりません。ですから、肉体の抵抗を克服できるくらいに強力な衝動をアストラル体が持てるように、瞑想と集中の力を強めなければなりません。

昨日、七つの段階として述べた、本来のキリスト教的な秘儀参入が、そのためにまず現れました。そこに述べられている感情を深く体験することによって、アストラル体に強く働きかけ、数年後には、――あるいはもっと早くかもっと遅くかに――霊的な知覚器官を彫塑的に形成し、そしてそれをエーテル体に刻印づけられるようにするのです。キリスト教的なこの秘儀参入の方法については、もし私が数日間だけでなく、多分二週間くらい毎日細部に亙ってお話しすることができたら、もっと十分にお伝えできたでしょう。しかし今私たちにとって大事なのは、そのことではありません。

昨日はキリスト教的な秘儀について、その細部を具体的にお話ししましたが、今日はその原則に、眼を向けなければなりません。キリスト教の弟子は、持続的にヨハネ福音書の言葉を瞑想するとき、三日半の無意識の眠りなしに秘儀に参入することができます。ヨハネ福音書の冒頭の言葉、「初めに言葉があった」から「恵みの上に、さらに恵みを」のところまでを、毎日自分に作用させるのは、この上なくすぐれた瞑想法になるのです。これらの言葉には、そのような力があります。なぜなら、ヨハネ福音書の全体は、読まれ、知的に理解されるためだけにあるのではなく、内的な仕方で体験され、感得されるためにあるのですから。そのように体験されたときには、この福音書そのものが、秘儀を可能にする力となり、一三章以降に述べられているように、「足洗い」「鞭打ち」その他の内的な経過が、秘儀のためのアストラル・ヴィジョンとなって体験されるのです。しかし、薔薇十字会の秘儀は、キリスト教の基盤の上に立っているにしても、浄化を達成するために、別の象徴像を瞑想します。人類がさらに一歩先へ進化を遂げたので、秘儀の方法もそれに対応しなければならなくなったのです。

汝自身を知れ

さて、秘儀に参入した人は、以前とはまったく異なります。それまでは、物質界の諸事象と関わっていたのに、今や霊界の諸事象と関わることができるようになるのです。通常の抽象的で、散文的な意味での認識に較べて、はるかに生きいきとした現実認識を獲得し、そして霊的認識はまったく異なる過程を辿ります。その認識の過程は、美しい格言「汝自身を知れ」に応えるものです。しかしこの格言を誤解することは、認識の分野における、もっとも危険な落とし穴を意味します。現代人はあまりにも安易に、そこに落ち込んでしまいます。

多くの人はこの格言を次のように解釈しています。すなわち、世間のことに気を使わずに、自分の内面に眼を向け、そこに霊性を求めるべきだ、というのですが、これはこの格言を大変に誤解しています。そういう意味ではなく、この場合の認識というのは、これまでに達しえた立場からこれまで達しえなかった立場への進化を意味しているのです。自分の中に抱え込んでいるだけの自己認識に終始していると、これまでに経験してきたことしか見えません。自分の低次の自我による認識だけしか持てません。その場合の自己認識は、認識のために必要な一部分でしかないのです。他の部分がこれに付け加わらなければなりません。二つの部分がそろわなければならないのです。

内なるものを通しても、認識のための諸器官を発達させることはできますが、太陽を知るには、外的感覚器官としての眼が自分自身の内面を見てもだめで、外なる太陽に眼を向けなければならないように、内なる認識器官も霊的な外界へ眼を向けなければ、真の認識には至りません。「認識」という概念は、霊的な事象を把握していた時代には、現在よりも、もっとはるかに深い、現実的な意味をもっていました。「アダムは妻エバを知った」（創世紀四章一）または族長の誰かが「自分の女を知った」という聖書の言葉を読むと、それが受胎を意味しているのに気がつきます。ギリシア語の「汝自身を知れ」という格言も、汝の内面に眼を向けよ、ではなく、霊界から汝の中に流れてくるもので汝自身を受胎させよ、と言っているのです。汝自身を霊界の内容で豊かにせよ、と言っているのです。

そのためには、二つのことが必要になります。第一に浄化と開悟による心の準備が、第二に自分の内面を霊界に向けて自由に開くことがです。認識との関連で言えば、人間の内面は女性と、人間の外面は男性と比較することができます。高次の自我を受容するためには、内面が開かれていなければなりません。そうすれば、人間の高次の自我が、霊界から人間の中に流れ込んできます。一体、人間の高次の自我は、どこに存在しているのでしょうか。人間個人の内部に存在しているのでしょうか。そんなことはありません。土星紀、太陽紀、月紀に、高次の自我が宇宙全体に注ぎ込まれました。そしてその宇宙自我が、人間に注ぎ込まれました。この自我を、人は自分に作用させなければなりません。すでに用意されていた内面に、この自我を作用させなければなりません。言い換えれば、人間の内面、つまりアストラル体は、純化され、浄化されなければなりません。そうすれば、外なる霊的な働きが人間の中に流れ込み、悟りに到ることが期待できるのです。人間が自分のアストラル体を浄化し、それによって内なる認識器官を開発するまでに到るなら、このことが生じます。

処女ソフィアと聖霊

こうしてアストラル体は、エーテル体と肉体の中に沈み、ついには開悟に到ります。言い換えれば、周囲に霊界を知覚するようになります。人間の内面であるアストラル体は、エーテル体の提供するものを、エーテル体によって宇宙全体から、宇宙自我から吸収したものを、受けとるのです。

キリスト教の秘教は、この浄化され、純化されたアストラル体を、「純潔で賢明な処女ソフィア」と呼びました。アストラル体の開悟の瞬間には、物質界からの不純な印象は、何ひとつ残っておらず、霊界を認識する器官だけが働いているのです。浄化の状態で受容するすべてを通して、人間は自分のアストラル体を「処女ソフィア」にするのです。

この「処女ソフィア」に対峙しているのが、「宇宙自我」です。宇宙自我は、開悟をもたらします。自分の周囲に、霊光を見出せるようにするのです。「処女ソフィア」と並んで存するこの「宇宙自我」は、キリスト教の秘教では、今日でも、「聖霊」と呼ばれています。

ですから、秘教的キリスト者が、秘儀を通して、みずからのアストラル体を純化し、浄化するとき、みずからのアストラル体を「処女ソフィア」にし、その中に宇宙自我である「聖霊」の光を受けるのです。こうして開悟を得た人、キリスト教的秘教の意味で「聖霊」を自分の中に受容した人は、別の語り方をするようになります。

そのとき、どのように語るのでしょうか。その人が土星紀、太陽紀、月紀について、人間本性の諸部分について、宇宙進化の経過について語るときには、それがその人の意見ではないように語るのです。その人自身の立場は、まったく顧慮されていません。こういう人が土星紀について語るときには、土星紀がその人を通して語るのです。太陽紀について語るときには、太陽の霊的本性がその人を通して語ります。人は、道具になるのです。その人の自我は、消滅します。非人格化するのです。そして宇宙自我がその人を道具に用い、道具として語らせるのです。

ですから、真のキリスト教の秘教にとって、意図や意見は問題にされません。そういうものは正当な、有効なものとは見なされません。真のキリスト教の秘教を伝授された人にとっては、眼の前の二頭の馬のうちの一頭の方を気に入らない、と語ることが問題なのではありません。馬の様子を述べ、真実を再現することだけが問題なのです。一切の個人的見解を離れて、霊界について観察したことを再現することだけが大切なのです。神智学においても、事実の経過だけが記述されるのでなければなりません。それを記述する当人の意見は、まったくどうでもいいのです。

このようにして、まず二つの概念が霊的な意味で明らかになりました。ひとつは「処女ソフィア」で、これは浄化されたアストラル体のことでした。もうひとつは「聖霊」で、これは「処女ソフィア」となったアストラル体を通して語る「宇宙自我」のことです。

ここからさらに一段と高次の段階に達するには、それだけでは不十分です。他の人を助けて、他の人もこの二つを獲得しようとする衝動を持てるようにしなければなりません。私たちの進化期の人間は、浄化されたアストラル体である「処女ソフィア」と開悟を意味する「聖霊」とを、以上のようにして受けとることができますが、しかし、そのために必要なことを地球に提供することができるのは、イエス・キリストだけです。実際、イエス・キリストは、キリスト教の秘儀伝授を可能にする力を、地球の霊的部分に浸透させたのです。しかし、このことは、どのような意味においてなのでしょうか。

命名の秘密

このことを理解するには、二つのことが前提になります。第一に、「名前」の意味を知らなければなりません。福音書が書かれた時代には、現代とはまったく違った仕方で、名前がつけられたのです。今日の福音書研究者が福音書の書かれた当時の名づけ方を理解していない限り、正しい解釈は期待できないでしょう。とはいえ、当時の名づけ方の原則を述べることは、非常に困難です。しかし大雑把な仕方であっても、それを明らかにすることができなければなりません。

どうぞ考えてみて下さい。私たちが眼の前にいる人に向き合うとき、その人の名前を、ただそういう名前として受けとるだけではなく、その人の優れた性質をも、その名前から聴きとることができたとするのです。そうすることのできる人は、相手の深い本性が霊視できるでしょうし、その人の主要な本性にふさわしい名前を、その人のために考えることもできるでしょう。

もしもそれが可能だったとすれば、ヨハネ福音書の作者の意味での名前のつけ方が分かったでしょう。ヨハネ福音書の作者は、イエスの実際の母の優れた性質を見て、その性質にふさわしい名前を考えました。この母は、以前の諸人生を通して、霊的な高みへ達していました。外から見ることのできる彼女の人柄は、キリスト教の秘教の言う「処女ソフィア」を明らかに示していましたから、作者はイエスの母を「処女ソフィア」と呼んだのです。

そのように、イエスの母は、キリスト教秘教においては、常に「処女ソフィア」と呼ばれました。他の福音書作者たちが、イエスの母を「マリア」という世俗名で呼んだ一方で、ヨハネ福音書の作者は、公教的な意味での彼女の名前を、まったく呼ばずにいたのです。ヨハネは名前を通して、深い世界史的な進化の過程を表現しようとしました。ですから、イエスの母を「マリア」とは呼ぼうとせず、むしろ彼女の妹に「クレオパスの妻マリア」という名を与えたのです。そのことによって、ヨハネは、自分はイエスの母の名を呼ぼうとは思わない、そういう呼び名を広めるつもりはない、と示唆したのです。秘教的な集まりにおいては、イエスの母は常に「処女ソフィア」と呼ばれました。彼女は、歴史上「処女ソフィア」を代表する人物なのです。

「ナザレのイエス」と「イエス・キリスト」

第二に、キリスト教とその創始者の本質に迫るために、「ナザレのイエス」と「イエス・キリスト」とを区別しなければなりません。なぜでしょうか。

ナザレのイエスという歴史上の人物は、輪廻転生を通して、高い進化に達した人物です。そしてその結果、ヨハネが「処女ソフィア」と呼んだ、アストラル体の浄化された魂を持つ母のところに引き寄せられたのです。ナザレのイエスという偉大な人物は、すでに前世において、はるかに進化を遂げており、当時すでに高次の霊界に参入していたのです。

ヨハネ福音書以外の作者たちは、ヨハネのような開悟の段階に達していませんでした。むしろ彼らに開示されていたのは、この地上の世界で、彼らの師であり救世主であるナザレのイエスが遍歴している姿でした。より神秘的な霊的関連は、少なくともヨハネが霊視した高みは、彼らには隠されていたのです。ですから、ナザレのイエスの中に、ユダヤ人のすべての世代を通じて働いている神、つまり父なる神が生きて働いている、ということに特別の価値を置いていました。彼らは次のように語っているのです。——「ナザレのイエスの家系を遡ってたずねてみると、諸世代を通じて流れてきた血が彼の中にも流れているのを証明することができる」。

ですから、系図を取り上げて、それぞれの人物がどのような進化段階に達しているかを述べているのです。マタイは、なかんずく、ナザレのイエスの中に、父アブラハムが生きている、と感じています。父アブラハムの血がイエスのところにまで流れているのです。ですから、マタイ福音書の第一章第一節から一七節で、アブラハムにまで至る系図を示しています。それほど物質的な立場に立っていないルカは、イエスの中に、すでにアブラハムの中にも生きていた神が生きて働いている、と述べるだけでなく、その血統をアダムにまで遡って述べるのです。アダムは神自身の子でした。言い換えれば、アダムは、人類がはじめて霊性から身体性へと移行した時代に属していたのです（ルカ三章二三―三八）。マタイとルカの場合、この歴史上のナザレのイエスが、父なる神にまで遡りうる血統の中で生きていたことを示しているのです。

霊的事象に眼を向けるヨハネにとっては、そのことが大切だったのではありません。「私と父アブラハムとはひとつだ」という言葉が大切だったのではなく、人間の中には、どんなときにも、父アブラハム以前から存在している「永遠なるもの」が存在している、と説いたのです。太初に「ロゴス」が、つまり「私である」があったのです。一切の外的事象以前に、ロゴスがあった。ロゴスは太初にあった、というのです。

一方、ナザレのイエスに眼を向ける福音史家たちは、血が初めから世代を通じて流れてきたことを示します。ナザレのイエスの父、ヨセフの中に、世代を通じて流れてきた血が生きていたことを示すのです。

秘教の観点から語るのであれば、ここでいわゆる「処女懐胎」にも触れなければなりませんが、それを語るのは、ごく限られた人たちの間でしか可能ではありません。それは、存在しうるもっとも深い秘儀に属する事柄だからです。この言葉に対する無理解は、そもそも処女懐胎とは何かを、まったく知らないことに由来するのです。人びとは、それによって、父性が存在しないことを指示している、と思っています。しかしそのことではなく、もっとはるかに深い秘密がその背後にあるのです。

ヨハネ以外の作者たちが述べている、「ヨセフが父である」ことが、まさにその背後にある秘密と結びついています。もしもこの作者たちが、「ヨセフが父である」ことを否定するとしたら、彼らが述べようとしていることが、まったく無意味になってしまうでしょう。彼らは、古い神がナザレのイエスの中に生きていることを、教えようとしています。特にルカは、そうはっきりと述べています。ですから、家系全体をアダムにまで、そして神にまで遡らせるのです。しかし、もしもルカが、このような系譜は存在する、しかしヨセフはイエスの出生とは無関係である、と言うのでしたら、イエスとアダムを結びつける系譜にはなりません。ヨセフを重要な人物と位置づけながら、しかも彼をイエスの関連全体から切り離すのは、実に奇妙なことです。

キリストの受肉

けれども私たちは、パレスチナのこの出来事に際して、多くの転生を重ねて、偉大な進化を遂げ、傑出した母のもとに生まれたナザレのイエスだけを取り上げるのではありません。第二の秘儀をも問題にするのです。

ナザレのイエスが三〇歳になったとき、彼はそれまでの人生の諸体験を通して、例外的な状態で遂行される特別の経過を体験するところにまで達しました。人間という存在は、肉体、エーテル体、アストラル体、自我から成り立っています。この四重の人間が私たちです。この人間が一定の進化を遂げますと、或る時点で、自我を他の三つの存在部分から切り離して、三つの存在部分を完全に健全な状態のまま、あとに残すことができるようになります。自我は霊界へ入り、他の三つの部分はあとに残されます。私たちは時折、この経過を世界史の中に見出します。

特別に高揚した瞬間が、或る人物に訪れるのです。この瞬間は、長く持続することもあります。そのようなとき、自我がひとり離れて、霊界へ赴くのです。そして残りの三つの部分も、自我によって高次の進化を遂げているので、高次の霊たちの道具になりうるのです。

ナザレのイエスが三〇歳になったとき、「キリスト」がこのイエスの三つの存在部分を自分の道具にしました。キリストが通常の子どもの身体に受肉することは、不可能でした。高度に進化を遂げた自我によって準備された身体の中にしか受肉できません。キリストは、これまで一度も人体に受肉したことはなかったのです。ですから、三〇歳のナザレのイエスの中にのみ、キリストが存在することができたのです。

一体、何がそこに受肉したのでしょうか。ナザレのイエスの身体は、成熟した、完全な身体であったので、その中に太陽ロゴスが、つまり太陽の霊的本質としてすでに述べたあの六エロヒームの本質が入ったのです。この本質存在は三年の間、この身体に受肉することができました。ロゴスが肉となったのです。開悟を通して人間の中に輝くことのできた太陽ロゴス、聖霊、宇宙自我が、それから三年の間、イエスの身体から語り続けたのです。このときの受肉の経過は、ヨハネ福音書や他の福音書の中で、鳩となった聖霊がナザレのイエスに降下した、と述べられています。秘教のキリスト教では、この瞬間に、ナザレのイエスの自我が、その身体から離れ、それに代わって、キリストの霊がその身体から語り、教え、導いた、と教えています。これがヨハネ福音書の意味での、最初の出来事なのです。今や、キリストがイエスのアストラル体、エーテル体、肉体に働いています。キリストは、すでに述べた意味で、ゴルゴタの秘儀に到るまで働きます。ゴルゴタでは、どんなことが生じたのでしょうか。

太陽ロゴスと地球の結合

ゴルゴタでは、次のことが生じました。十字架にかけられた人の傷から、血が流れたのです。この重要な瞬間を理解するために、別の例を挙げて、この出来事と比較しながら、考えてみようと思います。

ここにあるグラスに水を入れ、濁らない程度に塩をそこに混ぜてみて下さい。水をあたためると、塩は完全に溶けますが、冷やすと、塩が沈殿して、底にたまります。この経過は、眼で見ることができます。けれども、霊眼で見ると、別の経過が生じているのが分かります。グラスの底の塩が固まるとき、塩の精が上に向かい、グラスの水を満たします。塩の精が塩から離れて、水の中に拡がるときにのみ、塩は固まるのです。この事情に通じている人は、濃縮化が常に霊化の過程をも伴っていることを知っています。下で濃縮するものは、同時に上に向かって霊化するのです。それとまったく同じように、血が救済者の傷口から流れ出たとき、物質的な経過が生じただけではなく、霊的な経過もそれに伴って生じました。そしてこの経過は、洗礼の際に降下した聖霊が、大地と結びつき、キリスト自身が地球存在の中に流れ込んだことを意味しています。このときから、地球は変容したのです。ですから、以前にも述べたように、もし誰かが遠い星から地球を眺めたとしたら、地球全体の姿が、ゴルゴタの出来事と共に、変化したのを見ることができたでしょう。太陽ロゴスが地球と結合し、「地球の霊」となったのです。太陽ロゴスは、まず、三〇歳のときのナザレのイエスの体に入り、三年間その中で働き、ついには地球と結びついて活動するようになったのです。

この出来事は、前述した意味での「浄化」されたアストラル体を獲得することができるようになったことを意味します。自分のアストラル体が次第に「処女ソフィア」に近づき、「聖霊」を受容できるものとなる可能性が、キリスト者に与えられたのです。

ヨハネ福音書の使命

「聖霊」がどれほど地球上に拡がっていたとしても、アストラル体が浄化されていなければ、それを受容することができません。アストラル体を「処女ソフィア」にする力がなければなりません。この力はどこにあるのでしょうか。イエス・キリストが、ヨハネ福音書の作者である愛する弟子に委託して、弟子の開悟の力で、パレスチナの諸経過を忠実に記述させ、人びとがその諸経過の作用を受けることができるようにしたことの中にあるのです。

ヨハネ福音書の内容を十分に自分に作用させるならば、アストラル体が「処女ソフィア」に近づき、いつか聖霊を受け入れるようになるでしょう。ヨハネ福音書から発する強い衝動によって、次第に真の霊性を感知し、認識するようになるでしょう。イエス・キリストは、そのような使命を、ヨハネ福音書の作者に与えたのです。この福音書によれば、十字架のそばにイエスの母が、つまりキリスト教秘教の意味での「処女ソフィア」が立っています。そして十字架上からキリストが愛する弟子に「見なさい。あなたの母です」と語ります。「そのときから、この弟子はイエスの母を自分の家に引き取った」(一九章二七)のです。つまり「私のアストラル体の中にあった力を、聖霊が担えるようになる力を、私はあなたに授ける。このアストラル体の本質が何であるのか、書き記しなさい」。そう述べているのです。

「弟子は彼女を自分の家に引き取った」というのは、彼が福音書を書いたという意味です。この福音書は「処女ソフィア」の力を秘めています。十字架のもとで、「処女ソフィア」を自分の母とし、「メシア」の真の語り部となるように、という委託を、ヨハネは受けたのです。このことは本来、次のような意味に理解されなければなりません。――ヨハネ福音書に深く沈潜するなら、この書は、キリスト教の意味での「浄化」を促す力を持ち、「処女ソフィア」をあなたに与える力を持っている。また、地球と結びついた聖霊がキリスト教の意味での「開悟」をあなたに与えてくれるであろう。

霊において見る

もっとも身近な弟子たちは、当時のパレスチナで経験したことがあまりに強烈だったので、霊において見る力を、少なくとも可能性として、持つことができました。なぜなら、キリスト教の意味での「霊において見る」とは、パレスチナの出来事の働きによって、アストラル体がつくり変えられたので、弟子たちが見ようとするものが、もはや外的、物質的に存在する必要がなくなることを意味していたからです。

霊的なものに眼を向けることを可能にするものが、他にもあります。ベタニアの街で、イエス・キリストに香油を塗った女は、パレスチナの事件によって、霊眼を持つようになりました。ですから彼女は、イエスの中に生きていた存在が、死後復活したことを最初に知ったひとりになりました。彼女は一体、どのようにして霊眼を持つようになったのでしょうか。内なる感覚器官が開いたことによってです。

そう述べられているでしょうか。マグダラのマリアは、墓に導かれます。死体はすでになく、彼女は墓に二人の霊的な姿を見るのです。死体がかなりの間、一定のところに置かれているときは、常にこの二人の霊的な姿を見ることができます。一方ではアストラル体が、他方では次第に宇宙エーテルに溶け込んでゆくエーテル体がそのように見えるのです。肉体とは別に、霊界に属する二つの霊的な形姿がそこに見られるのです。

それから、この弟子たちは家に帰っていった。マリアは墓の外に立って泣いていた。泣きながら身をかがめて、墓の中を見ると、イエスの遺体の置いてあったところに、白い衣を着た二人の天使が見えた。(二〇章一〇－一二)

彼女は、パレスチナの出来事によって見霊的となったので、そのように見たのです。それどころか、復活した姿をも、彼女は見ました。一体、それを見るために、彼女は見霊能力を必要としたのでしょうか。私たちは或る人の姿を何日か前に見、そして何日か後にも見るとき、そこに同一人物を認める自信があるでしょうか。

こう言いながら後ろを振り向くと、イエスの立っておられるのが見えた。しかし、それがイエスだとは分からなかった。イエスは言われた。「婦人よ、なぜ泣いているのか。だれを探しているのか」。マリアは、園丁だと思った。（二〇章一四－一五）

このような言葉は、ただ単にそう述べられているだけなのではありません。できるだけ厳密にそれを受けとれるように、一回だけ私たちにこう語るのではなく、ティベリアス湖畔で、復活したイエスが二度目に現れたときにも、同じことが言われるのです。

既に夜が明けたころ、イエスが岸に立っておられた。だが、弟子たちは、それがイエスだとは分からなかった。（二一章四）

秘教の弟子たちは、やっとそこに彼を見出します。パレスチナの出来事の働きをすべて受けとった人びとは、それが復活したイエスであることを、霊において見ることができたのです。

弟子たちとマグダラのマリアがその姿を見たとき、そこにいた何人かは、まだ見霊能力をあまり発達させることができずにいました。トマスもそのひとりでした。弟子たちが主を初めて見たとき、トマスはそこにいなかった、と言われています。そして彼は自分で、自分の手を主の傷口にあて、復活したものの体にさわらなければ信じられない、と言います。そこで何が起こったでしょうか。そうすることで、彼にも見霊能力を与えようとしたのです。それはどのようにして生じたのでしょうか。

さて八日の後、弟子たちはまた家の中におり、トマスも一緒にいた。戸にはみな鍵がかけてあったのに、イエスが来て真ん中に立ち、「あなたがたに平和があるように」と言われた。それから、トマスに言われた。「あなたの指をここに当てて、わたしの手を見なさい。また、あなたの手を伸ばし、わたしのわき腹に入れなさい。信じない者にではなく、信じる者になりなさい」。（二〇章二六－二七）

外の光景だけを信じるのでなく、内なる力を発揮できるようにするならば、何かを見るようになるだろうというのです。（イエスはトマスに言われた。「わたしを見たから信じたのか。見ないのに信じる人は、幸いである」二〇章二九）

パレスチナの出来事から発するこの内なる力を、「信仰」と呼ぶのです。それは単なる信じる力ではなく、内なる見霊的な力なのです。

この内なる力を発揮すれば、もはや外に見えるものだけを現実だと思う必要はありません。なぜなら、外に見えないものについて知ることのできる人びとは、幸いなのですから。

このように、ここでは復活の真実が語られています。そして霊的なものを見る内なる力をそなえたものだけが、この復活を認識できるというのです。このことは、ヨハネ福音書の最後の章の意味を理解させてくれます。この章では、イエス・キリストのもっとも親しい弟子たちの前で、この出来事が成就したことによって、この弟子たちが「処女ソフィア」に到ったということが、はっきりと示唆されています。けれども、弟子たちが初めて霊的な出来事を実際に見、それに耐えなければならなかったとき、彼らは眼がくらみ、何が何だか分からなくなりました。彼らは、それが以前一緒にいてくれた人だったとは気がつかなかったのです。

このことを理解するには、この上なく深遠な概念を使わなければなりません。実際、粗雑な唯物的思考の持ち主は言うでしょう。――「何だ、復活があやしくなったじゃないか」。復活の奇蹟は、文字通り受けとらなければなりません。「わたしは世の終わりまで、いつもあなたがたと共にいる」（マタイ伝二八章二〇）、とイエス・キリストは語っているのです。

神智学の世界史的意味

彼はそこにいます。そしてふたたびやってくるでしょう。肉体を持ってではありませんが、これまでヨハネ福音書の力で進化を遂げてきた人びとなら、実際に見えるような姿をとってです。霊的な力を身につければ、必ず彼を見ることができるのです。この「見えるようにする」という使命を持っているのが、神智学の運動なのです。それは、地上でのキリストの再来を準備する人たちの運動なのです。キリストが第六後アトランティス文化期にふたたび現れるとき、「カナの饗宴」との関連で、すでに示唆しておいたことを成就させるために、人類社会の大部分の人びとに見霊能力を与えること、これが神智学の世界史的な意味なのです。

こう考えると、神智学は、キリスト教の遺言の執行者であるように思えます。未来の人びとは、真のキリスト教と出会うために、この霊的な教えを受け入れるようになるに違いありません。現在のところ、まだ多くの人びとが、「神智学は、真のキリスト教と相容れない」と言っているにもかかわらずです。そういう言い方をする人たちは、自分の知らないことを勝手に判断し、知らないことは存在しないことだ、というドグマを奉じる小さな教皇たちなのです。

そのような不寛容な態度は、これからもますます拡がり続けることでしょう。そしてキリスト教は、今自分たちを善きキリスト者であると思い込んでいる人びとによって、最大の危険に遭わされるでしょう。名前だけのキリスト教徒によって、神智学の中のキリスト教は、ひどい攻撃を受けるでしょう。キリスト教を霊的な観点から本当に理解しようとすれば、宗教上のすべての概念を変化させなければならないのです。特にヨハネ福音書の作者の遺産である偉大な「処女ソフィア」が、そしてヨハネ福音書そのものが、今後ますます人びとの心の中に生きるようになるでしょう。けれども、神智学だけが、ヨハネ福音書の中に本当に深く私たちを導いてくれるのです。

*

以上の連続講義の中では、神智学がヨハネ福音書の中にどのように導き入れてくれるのかについて、ひとつのサンプルを提示したにすぎません。実際、ヨハネ福音書全体を解明することなど、不可能です。そのことは、この福音書の中にも記されています。

イエスのなさったことは、このほかにも、まだたくさんある。わたしは思う。その一つ一つを書くならば、世界もその書かれた書物を収めきらないであろう。(二一章二五)

ヨハネ福音書自身が、パレスチナの出来事の細部を一つひとつ述べることができなかったように、どんな長大な連続講義も、ヨハネ福音書の霊的な全容を解明することはできません。ですから今回は、以上に述べた内容で満足しなければなりません。しかし、本当に満足できるのは、このような示唆を通して、キリスト教の真の契約が、人類の進化に役立つときだけです。他の人びとがやってきて、「君たちの概念は、複雑すぎる。そういう概念で福音書をとらえることはできない。福音書は単純な、素朴な人たちのためにあるのだ」と言うときにも、私たちは、ヨハネ福音書から学んだ内容を基礎にして、しっかりと立つことができなければなりません。他の人びとは、多分、次の言葉を引き合いに出すでしょう。

心の貧しい人々は、幸いである、天の国はその人たちのものである。(マタイ伝五章三)

こういう引用ができるのは、この言葉の意味を正しく理解していないときだけです。この言葉の真の意味は、次の通りです。

霊における物乞いは、幸いである。その人たちは、天の国を自分自身の中に見出すであろう。

乞食のように霊を求める人びと、霊を求めてやまない人びとは、自分の中に天の国を見出すのです。すべて宗教的なものは、素朴であり、単純である、というのが、現代人の意見です。科学なら、どんなに複雑な概念を使っても、容認できる。しかし信仰と宗教は、単純、素朴でなければならない。多くの「クリスチャン」は、そう言います。だから偉大な唯物論者ヴォルテールの次のような立場は、たとえその言葉の由来を知らなくても、多くの人びとの心に巣喰っているのです。――「預言者であろうとする人は、信仰を持たねばならない。自分の語ることを自分で信じていなければならないからだ。そして単純なことを何度でも繰り返すとき、それが信仰の対象になる」。

現在の多くの預言者に、真の預言者にも、偽の預言者にも、この言葉が当てはまります。その人たちは、何かを語り、そしてそれを何度でも繰り返します。そうすると、人びとは、それが繰り返されるので、信じ始めるのです。神智学者は、このような預言者であろうとはしていません。預言者であるつもりは、まったくないのです。人びとは彼に言うでしょう。――「お前だって同じことを繰り返している。いつも同じことをいろいろな側から、いろいろな仕方で語っている」。

もし、そう言われたとしても、神智学者は、自分のその態度を間違っているとは思いません。預言者は、信じさせようとしてそうするのですが、神智学者は、信仰にではなく、認識に導こうとしてそうするのです。私たちは、ヴォルテールの言葉を別な意味で受け入れます。「単純なことは信じられる。そしてそれが預言者のやり方だ」と彼は言います。「しかし、多様なことは認識される」と神智学者は言うのです。

神智学の内容は多様なのです。それは信仰告白なのではなく、多様性を甘んじて引き受ける認識の道なのです。このことをよく意識していなければなりません。キリスト教のもっとも重要な文献のひとつ、ヨハネ福音書を理解するために、多くの事柄を取り上げるのをためらってはなりません。ですから私たちは、ヨハネ福音書の深い真実を、もっと、もっと理解できるようにするために、できるだけ多様な問題を取り上げようとしました。イエスの身体上の母が「処女ソフィア」の外的な現れであり、模像である、ということ、イエスの愛した秘儀上の弟子ヨハネにとって、「処女ソフィア」とは、霊的に何を意味していたのかということ、身体上の系譜に注目する他の福音書作者たちにとっては、血のつながりが神の外的な現れであったので、身体上の父が大切だったということ、さらにはヨハネにとって、「聖霊」が何を意味しているのかということ、キリストは「聖霊」を通して、三年の間イエスの中に産み出されました。この聖霊は象徴的に、洗礼者ヨハネの洗礼に際して、降りてきた鳩として暗示されています。こういうことを理解するためにです。

ですから、もしも「聖霊」がキリストの父であり、聖霊がイエスの体にキリストを生まれさせたのだ、と理解するならば、この事柄をあらゆる側面から考察するならば、それほど深く秘儀に参入していない他の弟子たちが、主の愛した弟子ほどに、パレスチナの出来事に深い理解を持てなかったことが、納得できるでしょう。今日の人が、共観福音書だけを認めようとするのは、その人がヨハネ福音書の真の姿を理解しようとしないからにすぎません。誰でも、自分の精神は、自分の理解する精神でしかないのです。

今回学ぶことのできた内容は、感情で受けとめなければなりません。そうすれば、ヨハネ福音書が教えの書であるだけでなく、魂に訴えかける力であることも分かるでしょう。

ヨハネ福音書の内容は、決して以上に述べたことに留まりません。ヨハネ福音書は、言葉という廻り道を通して、魂自身を前進させる力をも含んでいます。このことが、この短い連続講演を通して、皆さんの感情の中に生きることができたとき、この連続講義は意味を持ちうるのです。この講義は、知的な理解力のために行われたのではなく、知的な理解力という廻り道を通って、感情に働きかけるために行われました。そして感情は、講義で述べた個々の事柄から生み出された感情でなければなりません。このことが正しく理解されるならば、神智学がキリスト教を叡智として捉え、叡智による廻り道を通って、キリスト教の真の偉大さを理解できるものにするという使命を持っていることが分かっていただけると思います。キリスト教は、今まさに、その働きの発端にあるのです。そしてその真の働きは、それを霊的な観点から受けとめるとき、初めて成就されます。以上の講義を、どうぞこの意味で受けとり、理解して下さいますように。

訳者あとがき

キリスト教の秘教的な側面を縦横に論じたこの連続講義は、北ドイツの都市ハンブルクで一九〇八年五月一八日から三一日までの一四日間に、一二回に亙って行われた。シュタイナーが四七歳の時で、もっとも集中してキリスト教の研究に打ち込んでいた時期に当たる。

マタイ福音書、マルコ福音書、ルカ福音書という、いわゆる共観福音書に対して、まったく異なったヴィジョンを基にして神の福音を説くヨハネ福音書は、すでに三世紀のオリゲネスの頃から、神秘主義的な立場のキリスト教徒たちの特別重要な聖典とされてきたが、神智学協会員も、シュタイナーから特にヨハネ福音書の講義を聴きたいと望んでいた。その要望に応えてシュタイナーは、まず一九〇七年一一月、バーゼルで八回の連続講義を、次いでそれをさらに発展させた形で、本書の講義を行った。

ロシアの閨秀画家マルガリータ・ヴォロシンの回想録『緑の蛇』によれば、この時の講義は、或る個人の住宅の小さな白いホールで行われた。シュタイナーは黄色い絹の幕の前で、小さな机に向かって立っていた。その時の印象を、彼女は次のように書いている。

「連続講義の第一夜に、ルドルフ・シュタイナーは『初めに言葉があった』で始まるヨハネ福音書のプロローグについて語りました。彼は眼の前の机の上に置かれた花瓶から鈴蘭を一本手にとると、こう語りました。――ちょうどこの花が種から生じたように、そしてその種が花の内に秘められていたように、世界も人間も、『言葉』から生じたのです。世界は、最初は、静けさに包まれていました。人間は、言葉を持っていませんでした。けれども、『言葉』は、人間の内に秘められて、存在していたのです。ちょうど花の中には、その種が宿されているようにです。そして『言葉』は、やがて人間の内部から響き始め、〝私である〟と語りだしたのです」。

この連続講義には、ルドルフ・シュタイナーのキリスト教に対する姿勢がもっとも明瞭に表れている。ヨハネ福音書を語るシュタイナーの口調には、この世を生きるということが、途方もなく遠い過去から用意された、宇宙的な営為のひとつの帰結であることを、キリスト教の「愛」の思想として、伝えたい、という願いが込められている。従って本書は、自分を取り巻く周囲の世界の彼方に広がっている果てしない宇宙が、自分のこころの内部で生き始めるという、稀有な読書体験を与えてくれる。学術的にヨハネ福音書を論じるのとはまったく違った仕方で、しかも首尾一貫した論理を組み立てながら、かつてヨハネ福音書の作者自身が体験し、表現した世界へ、読者を導こうとする。そういうルドルフ・シュタイナーの配慮が、何か特別の、この世ならぬ優しさの気配となって、読む者のこころを包み込む。

晩年になってから、シュタイナーは、当時の「神智学協会員のため」の連続講義について、自叙伝

『わが生涯』の中で、次のように述べている。

現代人の意識の前に人智学を提示するために、私が行ってきた内的な格闘のあとを辿ろうとする人は、公刊された著述に当たる必要がある。著作の中で、私は時代の認識作業のすべてに正面から向き合おうとした。私の『霊視』の中に次第に形をとって現れ、もちろん多くの点で不完全でしかなかったが、人智学という構築物になったものが、著作の中に記されている。『人智学』を構築しようという私の要求と並んで、もうひとつ別の要求もあった。それは協会員の魂の内的な求めにも全面的に応えたいという気持ちから発していた。

特に、福音書ならびに聖書そのものを人智学の光の下に語るのを聴きたいという強い要求があった。協会員は、人類に伝えられた、キリストの教えについての連続講義を求めていた。

この求めに応じる形で、非公開の連続講義を行ったとき、別の問題が生じた。これらの講義には、協会員だけが参加していた。その人たちは、人智学の基礎的な内容は、すでに学んでいたから、人智学に関しては、いわば上級者に対するように語ることができた。だから、公開の場で読まれることを前提にした著作においては、とてもありえないような態度で臨むことができた。

公表するつもりだったら、別の話し方をしなければならなかったであろうような話し方をした。

このように、公的な著作と私的な印刷物（協会員のための連続講義）とは、それぞれ異なった二つの基礎から生じたのである。公的な著作は、私の内部で格闘し、執筆したものの成果であるのに対して、私的な印刷物では、参加した人たちが、読者が、一緒に格闘し、一緒に思索する。私は協会員の魂の鼓動に耳を傾ける。そしてその時私が聴いたものの中にひたりながら、講義の内容を作っていく。

この意味では、シュタイナーのすべての連続講義がそうであるが、本書の内容も、シュタイナーが格闘しながら表現した内容を、同じように格闘しながら追体験しようとするとき、シュタイナーの意図が見えてくるような仕方で語られている。

なお、引用されている聖書の言葉は、新共同訳聖書を使わせていただいたが、シュタイナーの解釈が入っている箇所は、テキストの独文通りに訳した。

最後に、今回も春秋社編集部の鹿子木大士郎氏の親切な協力のおかげで本書を作成することができた。心から感謝したい。

一九九七年一〇月二五日　町田にて

高橋　巖

◆訳者紹介

高橋　巖　Iwao Takahashi

東京、代々木に生まれる。慶應義塾大学文学部大学院修了後、ドイツに留学。ミュンヘンでドイツ・ロマン派美学を学ぶなか、シュタイナー思想に出会う。1973年まで慶應義塾大学で教鞭をとる（美学・西洋美術史を担当）。1985年、日本人智学協会を設立。著書に『神秘学講義』（角川書店）、『シュタイナー哲学入門』（岩波書店）、『シュタイナー教育入門』（亜紀書房）、『シュタイナーの人生論』（春秋社）ほか、訳書に『シュタイナー・コレクション』全７巻（筑摩書房）、『秘教講義』（１～４、春秋社）ほか。2024年３月30日、逝去。

シュタイナー　ヨハネ福音書講義

1997年12月20日　初　版第１刷発行
2024年９月30日　新装版第１刷発行

著　者＝ルドルフ・シュタイナー
訳　者＝高橋　巖
発行者＝小林公二
発行所＝株式会社春秋社
〒101-0021　東京都千代田区外神田2-18-6
電話　(03)3255-9611(営業)　(03)3255-9614(編集)
振替　00180-6-24861
https://www.shunjusha.co.jp/
印刷所＝株式会社丸井工文社
製本所＝ナショナル製本協同組合
装　幀＝本田　進

2024©ISBN978-4-393-32236-9 C0011　　Printed in Japan
定価はカバーに表示してあります

ルドルフ・シュタイナー／高橋 巖［訳］

〈危機の時代の人智学〉3部作

1 **アカシャ研究による第五福音書**

人類は未来に〝第五〟の福音に接する。イエスが真にキリストたらんとする契機はどこにあったのか。キリストの本性と人類進化の秘密を解く有名な講義。付『キリストと人間の魂』。 2860円

2 **歴史徴候学**

シュタイナー、歴史認識の真価。魂の進化にとって何が本当の現実なのか。歴史通念の背後に潜む「真実」の霊学的意味。新しい理念を志向して、現実を見抜く視点と洞察力を養う。 3080円

3 **ミカエルの使命** 人間本来の秘密の開示

強さの霊ミカエルは人類の進化にどう関わるか。人智学の学び、共同体形成への目覚め。付『共同体を人智学的に形成するために』&高橋巖講演「私たちの時代の霊的背景について」 2970円

〈自由と愛の人智学〉3部作

1 **ゲーテ主義** 霊学の生命の思想

若き日のシュタイナー、よみがえるゲーテ。一人ひとりが真の認識を目指す世界観への道。『ゲーテの世界観』から第一部。『百年前のドイツ神智学』『神智学と社会問題』ほか一編。 3080円

2 **キリスト衝動** 聖杯の探求

隠されたキリストの働き。ゴルゴタの秘儀が人類の進化に及ぼす影響とはどのように認識されるのか。キリストと人間の深い結びつきを説く『聖杯の探求―キリストと霊界』ほか三編。 3080円

3 **平和のための霊性** 三分節化の原理

シュタイナー後期、宇宙的霊性論の深化。宇宙と人間の関わりの緊密な様相を開示する。困難な時代を生きぬくための人智学の世界観。人間と宇宙を関係づける「三分節化」論ほか三編。 3300円

▼価格は税込（10％）